知れば知るほど面白い
警察組織

監修 稲葉圭昭

JN066871

宝島
SUGOI
文庫

宝島社

はじめに

「警察」という言葉からイメージされるものは人それぞれ異なるだろう。犯罪歴など過去にやましいことがある人は蛇蝎(だかつ)のように忌み嫌うだろうし、町中で頻繁に職務質問に遭う人も、憎しみとは言わないまでも、どこかモヤモヤした気持ちを抱いているはずだ。その一方で、交番で親切に道を教えてもらった、DVやストーカー被害の相談に真摯にのってもらった……など、市民のための愛される警察を実感したことがある人も多いだろう。

このように、我々日本国民の警察に対する印象は、これまで警察官と接してきた経験によって大きく異なるのだ。

テレビや映画で描かれるいわゆる「刑事もの」も、私たちの警察に対するイメージに大きな影響を与えている。たとえば1997年に放映されたテレビドラマ『踊る大捜査線』(その後何度も映画化されている)は、これまでにないリアルな警察の姿を描いたものとして高い評価を受けている。馴染みの薄かったキャリア組とノンキャリア組の対立といった構図を、このドラマで知った人は多いのではないだろうか。

とはいえ、こうしたフィクションとしての刑事ものが私たちに誤った警察への知識を植えつけていることも事実である。たとえば、刑事ドラマでよく都道府県の警察本部と所轄が捜査本部において対立する様子が描かれているが、本書の監修者の稲葉氏によれば、そういうことはめったにないという。

本書はそうした世の中に流布している警察に対する誤ったイメージや知識を正して、リアルな警察組織や警察官の実態を読者の方に知ってもらうことを企図して編まれた。だから、本書には、裏金問題や警察への内通者、違法捜査、犯罪者検挙のノルマなど、警察が抱えている闇の部分も含まれているが、それは警察の真の姿を浮き彫りにするうえで避けては通れない話である。

警察官の多くが「正義」を信念として活動していることは言うまでもない。だが同時に、本書に書かれていることも警察の実態として確かに存在しているのだ。

そうした警察組織の抱えるさまざまな矛盾を知り尽くした稲葉氏に監修を依頼し、幸いなことに快諾を得ることができた。本書のところどころに元警官の稲葉氏のコメントが入っているが、現場のリアルな声として聞いてほしい。

本書が警察組織の真の姿を知る一助になれば幸いである。

宝島社書籍編集部

第3章 警察組織のタブー

第4章 警察組織の全貌 「警視庁」と「道府県警」編

第6章　警察官のリアルな生態

第1章

警察組織の全貌　警察庁編

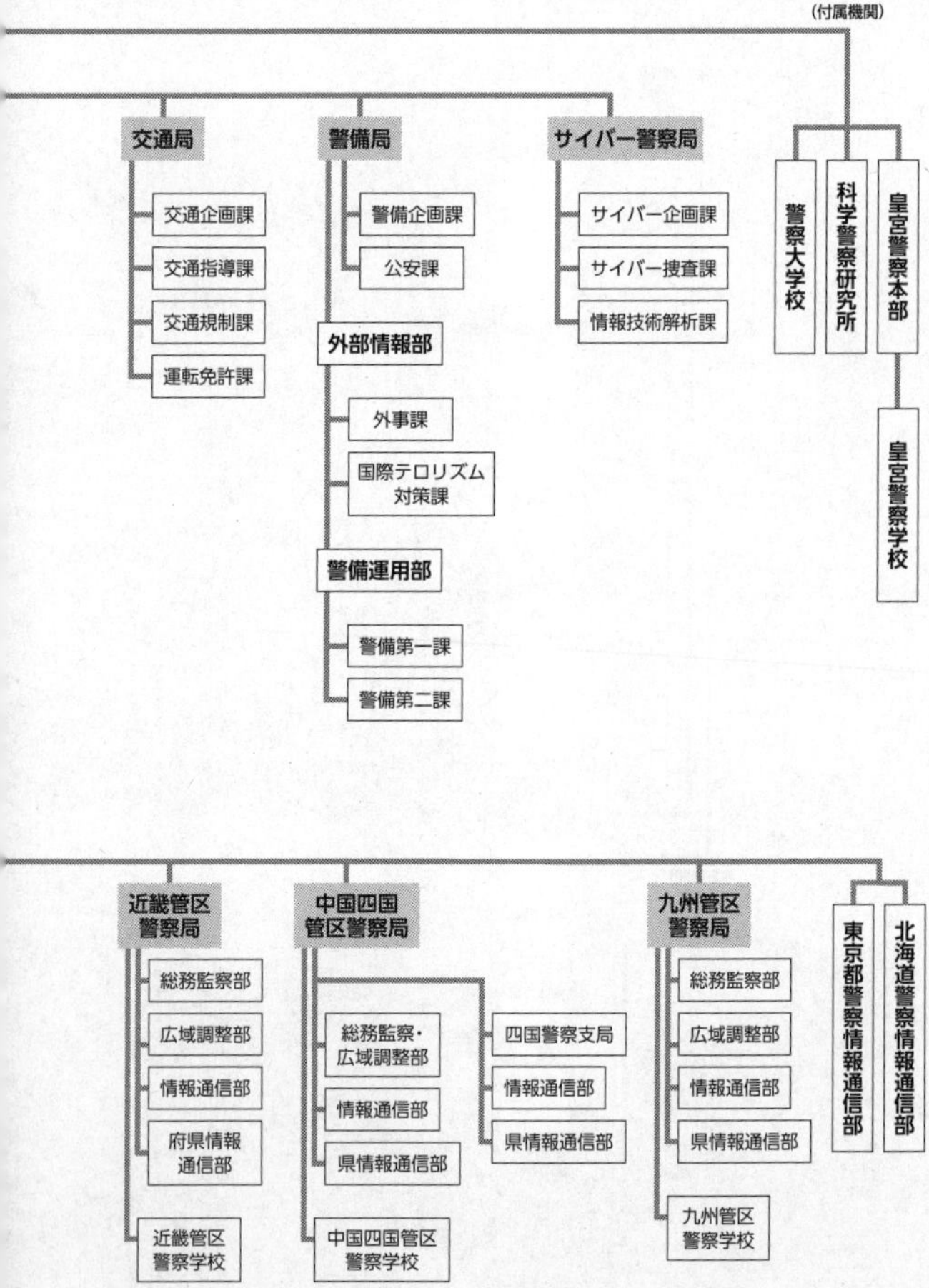
(付属機関)
交通局
交通企画課
交通指導課
交通規制課
運転免許課
警備局
警備企画課
公安課
外部情報部
外事課
国際テロリズム対策課
警備運用部
警備第一課
警備第二課
サイバー警察局
サイバー企画課
サイバー捜査課
情報技術解析課
警察大学校
科学警察研究所
皇宮警察本部
皇宮警察学校
近畿管区警察局
総務監察部
広域調整部
情報通信部
府県情報通信部
近畿管区警察学校
中国四国管区警察局
総務監察・広域調整部
情報通信部
県情報通信部
四国警察支局
情報通信部
県情報通信部
中国四国管区警察学校
九州管区警察局
総務監察部
広域調整部
情報通信部
県情報通信部
九州管区警察学校
東京都警察情報通信部
北海道警察情報通信部

国の警察組織図

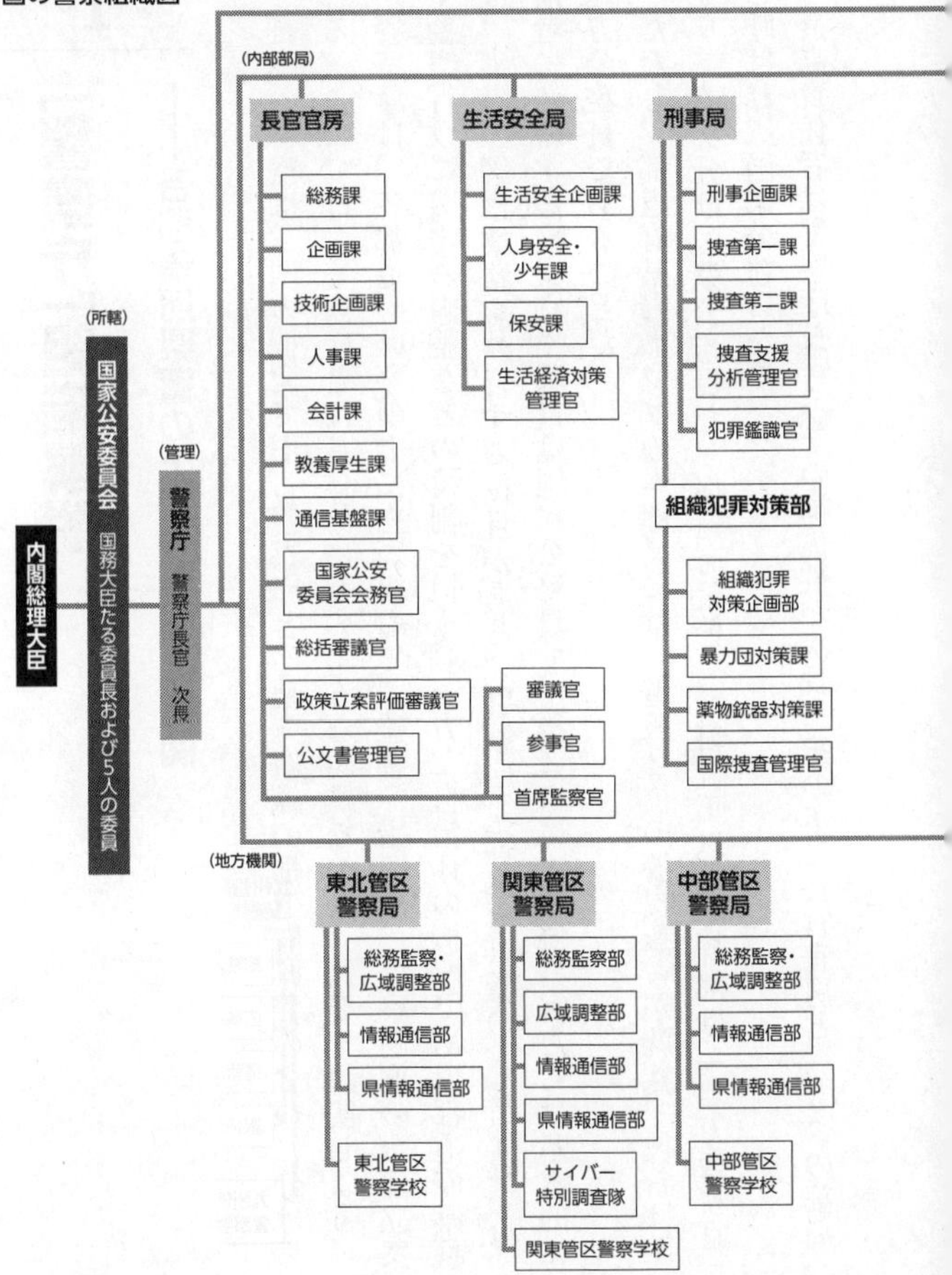
内閣総理大臣
（所轄）
国家公安委員会
国務大臣たる委員長および5人の委員
（管理）
警察庁
警察庁長官　次長
（内部部局）
長官官房
総務課
企画課
技術企画課
人事課
会計課
教養厚生課
通信基盤課
国家公安委員会会務官
総括審議官
政策立案評価審議官
公文書管理官
審議官
参事官
首席監察官
生活安全局
生活安全企画課
人身安全・少年課
保安課
生活経済対策管理官
刑事局
刑事企画課
捜査第一課
捜査第二課
捜査支援分析管理官
犯罪鑑識官
組織犯罪対策部
組織犯罪対策企画部
暴力団対策課
薬物銃器対策課
国際捜査管理官
（地方機関）
東北管区警察局
総務監察・広域調整部
情報通信部
県情報通信部
東北管区警察学校
関東管区警察局
総務監察部
広域調整部
情報通信部
県情報通信部
サイバー特別調査隊
関東管区警察学校
中部管区警察局
総務監察・広域調整部
情報通信部
県情報通信部
中部管区警察学校

1 「警察庁」組織解説

——各都道府県警の上に立つ国の機関

日本の警察は、国の機関である警察庁と、地方組織の都道府県警の2つに分けられる。ここでは、警察庁とは具体的にどのような組織なのか、概要を説明しよう。

警察庁は、各都道府県警の上に立つ組織で、監督・指揮や、警察制度の企画立案や警察行政に関する調整などの役割を担う。一方、自治体の機関である都道府県警は、実際の警察業務を執行する役目がある。警察庁と都道府県警の大きな違いは、前者に在籍する警察官や職員は国家公務員で、後者に属する警察官たちは基本的に地方公務員であることだ。

ただし、都道府県警トップの本部長には、階級2位の警視監らが就き、彼らはキャリアで身分は国家公務員だ。都道府県警でも警視正以上の幹部は「地方警務官」と呼ばれ、国家公務員なのだ。

最高責任者は警察庁長官、その補佐役が次長。その下に長官官房と、5つの部局、地方機関である6つの管区警察局、３つの附属機関がある。これらが警察庁の全体組織図になる。

一般職の在職者数は２０２２年7月1日現在、警察庁全体で８２４３人。行政機関職員定員令によって、組織別に定員が決められている。内部部局の定員を法令によって各局部単位で規定されているケースは警察庁だけだ。

警察庁の筆頭局である長官官房には、総務や人事、会計のほかに国家公安委員会を補佐する国家公安委員会会務官が設けられている。また、２０１９年4月1日から警察法が改正。長官官房に公文書監理官と企画課を新設する組織改編が実施され、国際課を廃止し同課の事務を総務課及び企画課に移管した。

生活安全局は、ストーカー、ＤＶ、リベンジポルノ、ＪＫビジネス、特殊詐欺などの比較的新しい犯罪までカバーし、犯罪全般を未然に防止するための施策の企画立案を担当している。

刑事局は、刑事警察に関する施策的な役割を担い、全国の刑事警察を指導・統括する。ただし、警視庁などの刑事部員のように自ら実働捜査を行うことはまずない。全国の刑事警察行政の責任者である刑事局長は、キャリアの指定席で刑事局を統括する行政官。また、国会においては政府参考人として答弁する職務まで与えられることもあるなど、重要なポストだ。

法案・統計の作成や統括・指導が主な業務

交通局は、道路交通行政の施策と道路交通に関する法案・統計の作成を行い、警備局は、警備運用部・外事情報部を統括している。課長級以上の役職はいわゆるキャリア、準キャリアが大勢を占め、警備局員は、ノンキャリアで構成される。警備局のなかの課の1つである公安課では、全国の公安警察による極左暴力集団・右翼団体に対する捜査の指導をしている。

情報通信局に代わって2022年4月1日に新設されたのがサイバー警察局だ。デジタル化の進展によって社会活動が営まれる公共空間となったサイバー空間だが、不正アクセスによる情報流出、国家を背景に持つサイバー集団攻撃など、あらゆる脅威にさらされている。サイバー警察局は、こうした事情を踏まえて新設されたもので、同じく関東管区警察局にも重大サイバー事案の捜査等を行なうサイバー特別捜査隊が設置されている。

6つの管区警察局とは、東北、関東、中部、近畿、中国・四国、九州（沖縄含む）に分けられる。ちなみに北海道と東京は、どの管区警察局にも属さない。管区警察

警察庁の外観

局長の階級は警視監だ。

最後に付属3機関についてだ。まず警察大学校は、警察庁に入庁したキャリア組が、警察官として必要な知識と技能を習得するための教育機関だ。科学警察研究所は、警察関係者から依頼された証拠物などの鑑識・検査を主な任務としていて、それらの専門家育成の場でもある。

最も多くの人に馴染みがあるのは、皇宮警察ではないだろうか。天皇皇后両陛下をはじめ、皇族の警備を専門とする機関。与えられている任務は、皇族の身を護るというシンプルなもの。はかり知れない使命と長い伝統があるため、やりがいや使命感を感じている警察官の数はほかにくらべても多い。

2 内閣総理大臣の所轄「国家公安委員会」
——警察庁を管理する警察の「監視役」

内閣総理大臣の下に置かれている国家公安委員会だが、多くの人にとって、あまり聞き慣れない組織ではないだろうか。

国家公安委員会とは、金融庁と同じく内閣府に置かれる外局で、国務大臣が委員長を務め、ほか5人の委員の計6名で構成される合議制の行政委員会のこと。委員長は総理大臣が選び、委員たちの任期は5年。委員は任命前5年間に警察・検察の職歴のない民間人であり、法曹界、言論界、産学官界の代表者から選任される。この制度は戦後新たに導入されたもので、主な活動目的として「国民の良識を代表する者が警察行政の民主的管理と政治的中立の確保を図る」ことを掲げている。いってみれば、警察の「監視役」のような組織だ。国家公安委員会に関する事項は「警察法」という法律によって、細かく定められている。

2023年7月1日現在、委員長を務めているのは谷公一内閣府特命担当大臣（防災、海洋政策)。委員会のメンバーは、櫻井敬子学習院大学法学部教授、横畠裕介内閣法制局長官、宮崎緑千葉商科大学国際教養学部教授、竹部幸夫三井物産代表取締役副社長執行役員、野村裕知日経BP取締役会長だ。任命時期がそれぞれ異なるため、随時メンバーの入れ替えが行われる。

犯罪の捜査や交通の取り締まりなどの仕事は、都道府県警察が行なう一方、国の警察機関である国家公安委員会と警察庁は、「国全体の安全に関係するものや、国が自らの判断と責任において行うべきもの」「警察官の教育制度や、警察の通信、統計など、国において統一的に行うことが能率的であるもの」「広域にわたる事件など国において調整を行う必要があるもの」を担当している。

そのため、国と都道府県の公安委員会は、国民を代表する機関としてそれぞれ警察庁、都道府県警察を管理し、常に相互の緊密な連絡を保ちながら意思疎通を図り、警察の仕事が滞りなく行われるよう努めている。このような観点から、国家公安委員会委員と全国の都道府県公安委員会委員との連絡会議が年2回開催され、また、各地域ブロックごとに年2回開催される連絡会議などに国家公安委員会委員が出席している。

また、国家公安委員会は、与えられた任務を達成すべく、警察制度の企画立案や予算、国の公安に関係する事案、警察官の教育、警察行政に関する調整などの事務について、警察庁を管理している。あくまでも、個々の具体的な警察活動について直接指揮、監督を行うのではない。具体的には、警察庁長官が国家公安委員会の管理のもと、警察庁としての事務を行うか、都道府県警察を指揮、監督することによって行われる。ちなみに国家公安委員会委員は、特別職の国家公務員なので、一般の国家公務員と同様、厳正公平にその職務を行うことが必要とされる。そのため、積極的な政治活動が制限され、秘密を守る義務も課せられているのだ。

治安維持を目的とした「緊急事態の布告」を勧告

さらに国家公安委員会は、検察官のトップである検事総長と常に緊密な連絡を保つものとするとされているが、警察官に対する指揮権といったものは存在せず、常に協力関係にある。警察庁は国家公安委員会以外の機関から管理・監督されることはないが、司法警察活動に際し、個別の警察官が検察官から指揮を受けることはあり得る。ただし、当然警察官は正当な理由がある場合に限り、検察官の指示を拒否できる。この時、検事総長、検事長または検事正は、国家公安委員会が懲戒権限を持つ者、つまり、国家公務員たる警察官に対する懲戒の訴追を国家公安委員会に行

放火された京都アニメーションを弔問した山本順三国家公安委員長（当時）

うことが認められている。

ほかにも、国家公安委員会には重大な権限がある。たとえば内閣総理大臣は、大規模な震災や外国の侵攻などの緊急事態が発生し、治安が混乱する状態が生じた場合、治安維持のために緊急事態の布告を発することができるが、この布告は、国家公安委員会の勧告に基づいて行わなければならない。これは極めてまれな事態であり、これまでに例はないものの、迅速かつ正確な判断が国家公安委員会には求められるのだ。

3 長官官房

――一般企業で言えば総務部にあたる

警察庁の内部部局の1つである長官官房は主に総務や人事、会計といった業務を担う。一般企業に置き換えるならば、会社全体の事務全般を仕切る「総務部」をイメージするといいだろう。総務課、人事課、会計課といった部署が属しているのも、一般企業の総務部とよく似ている。

企業における総務部がそうであるように、警察庁内の人、金、情報などの動きすべてを掌握しているのが長官官房だ。また、序列でも5局（生活安全局、刑事局、交通局、警備局、サイバー警察局）の上に位置することから、警察庁の「筆頭局」とも称される。全国の警察を束ねる警察庁の筆頭なのだから、警察庁長官官房こそが日本の警察組織の中枢と言ってもいい。

とくに、異動、昇進、降格といった人の動きに関しては、警察庁内はもちろん、地方警察においても警視正以上の幹部の人事権は、この長官官房が握っている。キャリア警察官を生かすも殺すも、警察庁長官官房次第だ。

絶大な力を持つだけあって、長官官房のトップ「長官官房長」は、警察庁長官、警察庁次長に次ぐ「警察組織のナンバー3」と目される。事実、歴代の警察庁長官の多くが長官官房長、警察庁次長を経て、ピラミッドの頂点へと登り詰めている。都道府県警本部や所轄警察では、警務部、総務部、警務課などが警察庁での長官官房に類する。いずれも事務仕事が中心で現場組のような花形感はないが、優秀な人材が配属されるケースが多く、警察官にとって代表的な出世コースであるのも長官官房と同様だ。

警察不祥事の捜査を行う「首席監察官」も長官官房

長官官房には、前述したような部署に加え、国家公安委員会をサポートする「国家公安委員会会務官」、特定の事項について企画・立案する「参事官」、官房全体もしくは特定分野の局を束ねる「審議官」などが設けられている。

現在の参事官は5名。国際・サイバーセキュリティ対策調整担当、総合調整・統計担当、犯罪被害者支援担当、高度道路交通政策担当、拉致問題対策担当と多岐にわたっていることからも、長官官房が幅広い分野の職掌（しょくしょう）を背負っていることがわかる。

審議官は、犯罪被害者施策担当や刑事局・犯罪収益対策担当など現在7名で、2019年4月1日の警察法改正で新設された東京オリンピック・パラリンピック担当もそのうちの1つ。「東京オリンピック・パラリンピックに係る政府内の会議への対応や、庁内における各種対策の横断的な展開、関係機関とのハイレベルかつ綿密な連携を推進する」のを目的としていたが、現在は役割を終えている。

19年の警察法改正では、これまで国際関係の事案の調整を行ってきた国際課を廃止し、その業務を総務課および新設の企画課に移管。さらに、警察庁におけるEBPMに関して客観的な立場から検証等を行う「政策立案経過総括審議官」（公文書管理官も兼任）も新たに設置。「EBPM」とは、「Evidence Based Policy Making」の略で、その場限りの根拠に頼らず、明確な目的と効果の測定に重要な情報やデータに基づく政策立案のことだ。

警察組織内部で起きた不祥事の捜査や質疑、功労者の表彰、組織内犯罪の監視と取り締まり、会計監査などを行う「首席監察官」も、長官官房に属する重要な職務の1つだ。ドラマ『踊る大捜査線　秋の犯罪撲滅スペシャル』（1998年、フジテレビ）で、被疑者の逃亡幇助（ほうじょ）の疑いをかけられた恩田すみれ（深津絵里）を調査す

長官官房は警察庁の頭脳を担う部署だ

べく、身内である青島俊作（織田裕二）や和久平八郎（いかりや長介）に監視を命じたのが、まさに首席監察官に出世した室井慎次（柳葉敏郎）だった。

ちなみに、ドラマ上では「警察庁長官官房警務課首席監察官」との肩書きが室井にあてられていたが、現実の長官官房に「警務課」は存在しない。また、いくら優秀なキャリア組であっても、当時34歳の室井がこの地位まで出世することは到底ありえない。その職責の重さから、実際には道府県警本部長を経験した50歳以上のベテラン官僚がこのポストに就くのが通例だ。

4 生活安全局

――市民生活で起こる犯罪や事故を予防

1994年7月、警察法の改正にともない、刑事局保安部から分離昇格。同法の第22条では、生活安全局の所掌事務を「犯罪、事故その他の事案に係る市民生活の安全と平穏に関すること」「地域警察その他の警らに関すること」「犯罪予防に関すること」「保安警察に関すること」と4つの項から規定している。

これをいくぶん平易な言葉でまとめると、「市民が安全かつ安心して暮らせる社会をつくるため、市民生活周辺で起こりうる犯罪や事故を予防する」といったところだろうか。警察庁にある1官房5局のなかでは、最も庶民の暮らしに身近な部署だともいえる。ただし警察庁で行うのは、あくまでも各種施策の企画立案、指導、監督などが中心で、直接市民の窓口となり、現場での取り締まり等を行うのは、都道府県警察や所轄に配置された同系列の部署だ。

現在の警察庁生活安全局は、「生活安全企画課（地域課を統合）」「人心安全・少年

課」「保安課」「生活経済対策管理官」の4つの部署から成る。
それぞれの役割や所掌を具体的に挙げていくと、生活安全企画課では、その名の通り、安全安心な街づくりに寄与する調査・研究、指導などを行う。地域における防犯対策もそのひとつで、自主防犯活動の啓蒙、防犯意識の向上を目的とするポータルサイト「自主防犯ボランティア活動支援サイト」も生活安全企画課によるものだ。

人心安全・少年課では、児童ポルノ対策官、少年問題総合研究官、少年保護対策室を置き、青少年の非行防止と虐待や事件からの保護に努めている。近年、とくに力を入れているのがインターネットが関与する犯罪被害の防止で、2018年7月に催された「青少年の非行・被害防止対策公開シンポジウム」でも当時の少年課・滝沢依子課長がパネリストとして登壇。SNSに起因する事犯の被害児童数が、ここ10年で2倍以上にもなっていることなどを発表した。性被害対策としては、各種メディアを通した広報・啓蒙、相談・支援窓口の設置、JKビジネスへの注意喚起などを行う。

ＡＶへの出演強要から仮想通貨搾取まで扱う

風俗関係の事犯をつかさどり、良好・健全な生活環境の保持を進めるのが保安課だ。風俗営業（接待飲食等営業、遊技場営業）の許可・取り締まりを主な仕事にしている。

生活経済事犯の取り締まりを管理するのが、生活経済対策管理官だ。「生活経済事犯」とは、要するに一般市民のお金に関わる犯罪行為のことで、わかりやすい例が強引な訪問販売（押し売り）や通信販売詐欺などだ。

一般的な生活をしていれば、あらゆる場面においてお金が関与してくる。自ずと生活経済事犯も広範囲にわたり、大きく3つに分類されている。1つめの「消費者取引の安全・安心を阻害する事犯」はわかりやすい。株式や投資信託、外国通貨など金融商品に関する違反、電話勧誘や連鎖販売（マルチ商法）による被害などがそれにあたる。やや意外なのが「国民の健康や環境に対する事犯」で、廃棄物処理法違反や鳥獣保護管理法違反、薬事関係の違反、医師法違反、食品衛生法違反など極めて幅広い。これらもすべて生活経済対策管理官の管理範囲となる。残る3つめは、商標法違反や著作権法違反などの「知的財産権侵害事犯」だ。

振り込め詐欺撲滅も生活安全局が担当する

このほかにも、ストーカー、DV、リベンジポルノ、行方不明者、銃砲所持なども生活安全局の所掌となる。警察庁のなかで最も身近な部局である分、最も種々雑多な事犯に対応しなければならないのが生活安全局とも言えるだろう。

5 刑事局

——全国の刑事警察を指導統括

その名が示す通り、刑事警察に関する制度などを企画立案し、全国の刑事警察を指導統括する。「刑事警察」とは、殺人、強盗、窃盗、放火、傷害など刑法に触れる犯罪の捜査を行う部門だが、基本的に警察庁の刑事局が現場で捜査活動を行うことはない。関係法令の調査研究や予算の確保などの事務仕事がほとんどで、指導や調整も現場レベルでは警視庁や各道府県警察本部の統括官が執り仕切る。

いったんやや横道にそれるが、日本では犯罪捜査や犯人逮捕を行う「私服」の警察官のことを「刑事」と呼ぶ（派出所勤務などの制服警官を同様に呼ぶことはない）。これは、「刑事部課に所属する」「刑事事件を担当する」ことなどから生まれた俗称であり、正式な名称や肩書きではない。私服であることと同様に、「現場で実働捜査を行う」ことも「刑事」をカテゴライズする上での条件の1つだ。つまり、警察庁の刑事局には、刑事は1人もいないということになるのだ。

この刑事局には、指導や情報分析支援を行う「刑事企画課」、検視指導と特殊事件を担当する「捜査第一課」、特殊詐欺対策室がある「捜査第二課」、指紋やＤＮＡなどの鑑識を指導する「犯罪鑑識官」、犯罪インフラの多様化に対応した分析を行う「捜査支援分析管理官」がある一方で、独立部門として組織犯罪対策を推進する「組織犯罪対策部」が設置されている。

ドラマでは頭でっかちなキャリア組として描かれる

２００４年7月の警察法改正の際、それまでの暴力団対策部を廃止して、新たにつくられたのが組織犯罪対策部。その背景には、薬物や銃器が関わる犯罪の裾野が広がり、同時に外国人による犯罪が急増していることがうかがえる。それまで暴力団犯罪には刑事局暴力団対策部が、薬物・銃器に関する犯罪には生活安全局が、外国人による犯罪にはその罪種ごとに複数の部門がそれぞれに対応してきた。

相互に複雑かつ緊密に連携して行われるそれら犯罪の取り締まりを一元的に所掌し、総合的な取り組みで最大限の効果を上げるべく設けられたのが、この組織犯罪対策部だったというわけだ。犯罪が関与する収益の移転、いわゆる「マネーロンダリング」や、外国の刑事事件の捜査に協力する「国際捜査共助」に関する事案も同部の所掌だった。

ちなみに、警視庁内にも同名の「組織犯罪対策部」が存在するがまったく別の組織で、こちらは実働部隊として現場での捜査・取り締まりを中心に行う。また、各道府県警察でも類似の部署を設けているが、組織構成や実際の対策は地域によって大きく異なる。

たとえば福岡県警では、警視庁のように暴力団犯罪と外国人犯罪を統合して取り扱うようにするのではなく、生活安全部や刑事部などと並んで「暴力団対策部」を置き、そこから「組織犯罪対策課」や「北九州地区暴力団犯罪捜査課」などへ枝分かれしている。管轄内に指定暴力団が5つも存在する（東京都は4つ、大阪府は2つ）という福岡県の土地柄がそうさせているのだ。

刑事局独自の活動ではないが、刑事局長が副委員長として、刑事局刑事企画課長が審査委員として名を連ねているのが「捜査特別報奨金審査委員会」だ。日本の報奨金は、まず都道府県警の長が報奨金対象事件としての指定を警察庁長官に申請し、審査委員会の諮問を通すことで報奨金額や応募の期間が決定される。

警察組織の実務部隊である各都道府県警察に対し、企画立案や運営、警察行政の調整などデスクワークが中心の警察庁。刑事事犯においてはとくにその差異が明白

刑事局のトップである刑事局長は全国の刑事警察を統括する

となり、ドラマなどではヒロイックな刑事に対し、頭でっかちなキャリア組として描かれることも多い。だが、先の報奨金手続きにも見られるように、警察庁の各局が現場の動きを統括しているのも事実。刑事局のトップ、刑事局長は全国の刑事警察を統括する行政官であり、階級から見てもその上に立つのは警察庁長官と警視総監のみ。世間のイメージはどうあれ、警察庁刑事局職員がエリート官僚であることに変わりはないのだ。

6 交通局

——道路交通に関する企画立案、法案の作成が主な業務

道路交通行政の施策を企画立案するとともに、道路交通に関する法案や統計の作成を行う。警察法第23条の2でも、「交通局においては、警察庁の所掌事務に関し、交通警察に関する事務をつかさどる」と、ほかの警察庁各局と比べ、いたって簡潔に規定されている。

簡潔である分、その重要性を認識しづらい面があるのも否めない。警察庁交通局の役割と取り組みを理解するには、局が誕生した背景と、現在までの社会変容をひもとくのが手っ取り早い。

1962年4月、警察法改正にともない誕生した警察庁交通局。当時の日本経済は、世界でも類を見ない高度成長の真っ只中。GNP（国民総生産）では先進諸国を追い抜き、個人消費も急速に拡大。テレビ、電気冷蔵庫、電気洗濯機のいわゆる「三種の神器」の普及がひと段落すると、国民の興味は「3C」と呼ばれる3種の大

型耐久消費財へと進んでいった。３Ｃの１つが「Ｃａｒ」、自動車だ（ほかの２つは、クーラーとカラーテレビ）。

国の経済成長と個人の所得増大にともない、欧米からやってきたモータリゼーションが進展。それに対応すべく、主要都市を中心に道路の整備も加速。国内の自動車保有台数が６３０万台に達した１９６５年、名神高速道路が開通。１９６９年には、東名高速道路も完成。ハイウェイ時代の到来だ。

自動車の普及、道路の整備が進むと、当然のごとく増えるのが交通事故。当初はトラックなどの商用車が中心だったが、次第に小型の乗用車を運転する人が増え、それにつれて交通事故件数がうなぎのぼりに上昇。特に歩行者や自転車など、道路交通上の弱者が自動車にひかれる事故が急増。１９５９年には、交通事故による死者数が1万人を突破した。

この数字は、2年間で1万7282人の日本人戦死者を出した日清戦争を上回るペースだったことから、「交通戦争」とも呼ばれるほどの社会問題に発展。国内自動車保有台数が約８２００万台にまでなっている現在に、交通事故による死者数が年間２６００人ほどであるのを考えても、当時の事故件数がどれほど多かったかがうかがえる。

交通管理で事件捜査に貢献過度な取り締まりには批判も

1962年に新設された警察庁交通局は、時代に求められて生まれた部署だと言えるだろう。

実際に交通局が企画立案した施策の1つが、道路標識や交通信号機の設置だ。また、運転者だけでなく歩行者への啓蒙も行った。全国的に実施した交通安全運動では、運転者に対して「歩行者の安全な横断の確保」を呼びかけるとともに、歩行者には「止まって、見て、待って歩く」「横断の際、手を上げて合図する」ことを推奨。いまでこそ、小さな子供でもできる安全確認の基本だが、歩道と車道の区分はあいまいで、決まった場所で道路を渡る習慣もなかった時代には、こうしたことから教育していく必要があったのだ。

こうした啓蒙運動（教育）や自動車交通犯罪の罰則強化（法制）などのかいもあり、1970年のピーク時には1万6765人だった死者数が、1979年には8048人と約半数に減少。しかしその翌年の1980年には再び増加に転じ、1988年には1万人を超えて「第2次交通戦争」と呼ばれる状況に。『警察白書』では、「自動車交通の成長に交通違反取締りを行う警察官の増員や、交通安全施策等

交通局はモータリゼーションの到来と歩調を合わせて1960年代に誕生した

の整備等を推進するための予算を国や地方公共団体が十分に措置できなくなったため」と総括している。皮肉にも、警察庁交通局による交通安全施策の企画立案や、それに基づいて行われる都道府県警察交通部の取り締まりが、極めて重要な役割を持つことを証明する結果になったわけだ。

道路上の環境変化に、運転者と歩行者、さらには法制もついていけず、事故や死亡者が激増した交通戦争時代の状況は、高齢者による事故の増加や、自動運転の実用化が進む現在の事情にも通じる部分がある。今後、交通局が進めていくであろう施策や法案に期待したいところだ。

7 警備局
――ベールに包まれた組織

警備や警護に関する制度・施策の企画立案、同情報の収集と総合分析、各都道府県の警備警察の統括・調整などが主な役割。内部部署に警備企画課、公安課を擁するとともに、独立部門として外事情報部と２０１９年新設の警備運用部が属する。外事情報部は、外国人および活動拠点が外国にある日本人が関わるテロやスパイ活動などを担当。警備運用部は、大規模な警備や災害、テロ発生時の調整・対処機能の強化が目的。２０２１年の東京オリンピック開催が背景にあったのは言うまでもない。

警察法に記された規定を読めば、概ねの成り立ちが想像できる局がある一方で、そうした文言や警察庁の公式情報だけでは、全体的な実態が摑みづらいのがこの警備局だ。その理由は、警備局の沿革によるところが大きい。

現在の警察庁警備局の源流は、１９４７年まで存在した内務省の内部部門「警保いだろうか。

１９２０年代、反政府的な団体や個人を監視し、共産主義者や反戦自由主義者に非人道的な取り調べを行ったことで知られる「特別高等警察」。警視庁をはじめ全国の道府県警察にいくつも設置された特高だが、それぞれの地方長官や警察部長には統括されず、警保局保安課がすべての特高に対して直接指揮を下した。警保局保安課が「特高の総元締め」と言われるゆえんだ。

戦後、ＧＨＱの人権指令を受け、警保局保安課および特別高等警察は廃止。それにともない新たに設置されたのが内務省警保局公安課、いわゆる「公安警察」だ。その後、幾度もの解体や統合を経て、１９５４年、内務省警保局公安課の流れを汲む旧国家地方警察本部警備部は、新警察法に基づき「警察庁警備部」に改組。現在と同じ警備局となったのは１９５７年のことだ。そこまでの経緯では、かつての特高警察官たちの多くが公安に復帰し、その経験やノウハウを組織づくりに生かしている。「実態が掴みづらい」といった警備局の体質も、特高譲りの組織運営に起因しているのかもしれない。

局保安課」に遡る。悪名高き、かの「特高」の総元締めと言ったほうが、通りがい

全国の公安の頂点に立ち統括するのが警察庁警備局

警備局や都道府県警の公安担当部署に共通する秘密主義は、公安警察ならではの命令系統の影響もあるだろう。警視庁公安部をはじめ全国の公安の頂点に立ち統括するのが警察庁警備局である。とはいえ、警察庁刑事局と県警刑事部の関係のように、通常、現場の警察官たちは警察庁からは独立して捜査活動を行う。ところが公安においては、警察庁警備局の命令が直接各地の公安警察に下される。命令系統を一本化することで、情報の漏えいや各県警同士の対立を防ぐ狙いがあるという。結果として、公安内の情報は公安関係者だけが知るものとなり、公安警察の秘匿体質に繋がっているのだ。

国家に対する犯罪を未然に防ぐため、非合法な諜報活動も辞さないという職掌の性質上、警備局をはじめとする公安警察が隠匿性を持つのは、致し方ない面もある。実際、警察庁警備局には、決して公にはされない部署があるという。

警備局内では警備企画課に属し、コードネームで「ゼロ」と呼ばれる秘密部署。全国で行われている諜報活動の協力者運営を管理し、各地の公安に在籍する直轄部隊への指示と教育を行う。要は、非合法工作活動のオペレーションルームといったところだ。

かつては、警備局公安第一課に属し、警察大学内の「さくら寮」と呼ばれる建物のなかに拠点が置かれていたため「サクラ」と通称されていたが、1986年に起きた日本共産党幹部宅盗聴事件でサクラの存在と非合法活動が発覚。これを受け、1991年に警備局警備企画課の下に入り、拠点も東京都千代田区にある警察総合庁舎に移されたことから、コードネームを「チヨダ」に改称。しかし、オウム事件関連の報道でチヨダの存在が取り沙汰されるようになったため、「ゼロから出発する」「存在しない組織」などの意味を込めて「ゼロ」に改めたとされるが、現在でも公な部署ではなく、正式な名称も不明だ。

ちなみに「公安警察」も正式な名称ではなく、警察庁警備局以下、同局公安課、警視庁公安部、各道府県警察公安部署などを総じて指す俗称だ。また、混同されがちな「公安調査庁」は法務省の外局で、破壊活動や国際テロから公共の安全の確保を図るという任務は公安警察にも通じるが、公安調査庁が行うのは監視と情報収集まで。対象を直接取り調べ、拘束する権限は持っていない。こちらは「公安庁」「公調」と呼ばれるのが一般的だ。

8 サイバー警察局

――深刻化するサイバー犯罪への対策

2022年4月1日、これまであった情報通信局に代わって新設されたのが、サイバー警察局だ。これは同日に施行された改正警察法に基づいて、サイバー犯罪に関わる警察庁の体制や職務を拡充したもので、約240人体制で発足している。近年、深刻化しつつあるサイバー空間の脅威に対処して、安全や安心を確保すべく、サイバー攻撃の対応や情報セキュリティの強化、コンピューターウィルスの解析などを行う。

部署は3つに分かれており、サイバー企画課は、サイバー警察の制度や運営に関する企画や立案を行なう部署。サイバー捜査課は、サイバー事案にかかわる犯罪の捜査に関する指導、調整を担当する。情報技術解析課では、犯罪の取締りのための情報技術の解析を行なっている。このほかに、サイバー情報担当の参事官も置かれている。

サイバー事案への対処や、国際的な感覚に秀でた高度な専門知識を有する人材の育成・確保も重要な任務だ。捜査員・技術者の垣根を越えた人的交流、知見の共有も促進し、人材層の充実を図っている。

データの流出やサイバー攻撃などは国境を越えて行なわれる犯罪でもある。そのため、外国捜査機関との国際連携の推進や、日本サイバー犯罪対策センター等とも連携するなど、サイバー分野において先端的な研究をしている学術機関とも、技術研修や共同研究も行っていくという。

また、サイバー事案への対処や、国際的な感覚に秀でた人材の育成・確保も重要な任務だ。捜査員・技術者の垣根を越えた人的交流、知見の共有も促進し、人材層の充実を図っている。

なお、警察庁指揮下の関東管区警察局にも、サイバー特別捜査隊を発足させている。こちらも重要インフラに行なわれる攻撃への対策や、海外を拠点とする犯罪グループによる事件を担当している。

9 警察大学校ほか

――警察庁の付属機関として存在

警察庁の附属機関は、文部科学省の所管下ではない省庁大学校である「警察大学校」、「皇宮警察本部」、「科学警察研究所」の3つ。それぞれ何を行う機関なのか、説明しよう。

警察大学校は東京都府中市にあり、国家公務員総合職試験（旧国家公務員Ⅰ種）に合格した幹部候補（キャリア）の警察官が必要な知識、技能、指導能力、管理能力を身につけるために、最初に入る教育訓練施設だ。組織上は省庁大学校となっているが、一般の高卒者の入学は行われておらず、防衛大学校や気象大学校のように課程修了による学士の単位も得られない。入学者の多くは、国家公務員として採用された警察官だが、都道府県警察採用（地方公務員）の警察官が幹部になった場合には、警察大学校に入学して、必要な教育を受けることになる。

科学警察研究所は、「科警研」と略されて呼ばれ、警察庁刑事局に所属する附属機関だ。科学捜査、犯罪防止、交通事故防止、交通警察に関する研究・実験や、警察内外の関係機関から依頼された証拠物などの科学的鑑識・検査を主な任務としており、鑑定技術職員の指導や研修も行なっている。近年、多発する凶悪広域犯罪・異常凶悪犯・急増する交通事故などの解決に向けてあらゆるプロジェクトが推進されている。

自動車ナンバー自動読取装置（通称・Nシステム）もこの研究所が民間企業と合同でつくったもので、各種の最新警察機器の開発も行われている。似た名前の組織として科学捜査研究所（科捜研）が存在するが、これは各都道府県警察本部刑事部に設置されている機関で、「法医」「化学」「物理」「文書」「心理学」という、5つの部門に分けられる。ただ、研究員の多くは警察官ではなく技術職員という立場なので、捜査権も逮捕権も持っていない。科捜研では扱えない大規模な分析が必要な場合、科警研が担当する。犯行現場に残された遺留品は、事件や事故の真相を解明し、犯人逮捕に繋げる重要なカギになる。これを扱う科警研は、どんな小さな破片からも真実を探し出す「スペシャリスト集団」なのだ。

皇族を守ることが最優先　犯罪捜査は二の次

皇宮警察は、天皇皇后両陛下や皇族各殿下の護衛と皇居、御所、御用邸などの警備を専門に行う機関。1886年、宮内省に皇宮警察署として誕生。その後、幾多の組織的な変遷を経て、1954年、新警察法制定にともない警察庁の附属機関となり、「皇宮警察」と改称されて現在にいたる。創立以来、皇室守護を目的とした国家機関で、大きな使命と伝統を持つ。職員は、皇宮護衛官、警察庁事務官、警察庁技官で構成され、身分はいずれも国家公務員だ。そのなかで皇宮護衛官は、警察庁の附属機関である皇宮警察本部に所属し、一般の警察官とは採用の時点で別扱いされている。

高校もしくは大学を卒業後、皇居内にある皇宮警察学校に入校し、高卒者は約10カ月、大卒者は約6カ月の研修を受け、皇居内にある皇宮警察本部、または全国4カ所にある「護衛署」（一般の警察でいう警察署に相当）に配属される。任務はすべて皇族を守ることが最優先。一般の警察官とは違い、犯罪捜査は二の次だ。ちなみに皇宮警察は、唯一消防活動を行う警察でもあり、万が一火災が発生した場合の消火活動に加え、絶対に火災が起こらないよう予防活動を行っている。

皇宮警察本部の組織は2部9課と侍衛官、4護衛署及び皇宮警察学校によって構成されている。護衛部は天皇皇后両陛下・皇族各殿下の安全を確保するため、常に一番近くで護衛を担当。護衛のスキルに加えて、乗馬・スキー・テニス・外国語などの幅広い素養を身につけることも求められ、日常の教養や研修、訓練によって高度な技術を培っている。また、各国の元首や大使・公使の皇居参内時には、騎馬やサイドカーで護衛にあたるのも仕事のひとつだ。

警備部と4護衛署では、皇居、赤坂御用地、京都御所、大宮・仙洞御所、桂・修学院離宮、正倉院、御用邸などの警備が任務で、天皇誕生日、新年一般参賀、園遊会などの警備に必要な企画・立案をはじめ、装備資器材の配備・開発運用なども行っている。また、突発対応部隊として特別警備隊が置かれており、有事に備え日々さまざまな訓練を行っているほか、皇居宮殿などで行われる皇室行事の際には、その厳粛な雰囲気を保持しながら、特別な儀礼服を着用して警戒にあたる。そんな皇宮警察が皇室の身を守るため、日々訓練に励み、万が一の事態に備えているのだ。

第2章

「階級」と「役職」のヒミツ

1 「警視庁」と「警察庁」の決定的違い

――意外に知らない2大組織の成り立ちと役割

警察組織において違いがわかりにくい筆頭格が「警察庁」「警視庁」だろう。どちらも文字としても発音としても似ているため、警察組織に興味のない人なら混同していてもおかしくないような紛らわしさとなっている。

2つのうち、比較的簡単に説明できるのが「警視庁」だ。大阪の大阪府警や北海道の北海道警のように、東京都の警察本部のことである。

通常は「庁」というと気象庁、中小企業庁、金融庁などの国の機関が思い浮かぶが、**警視庁は庁がつくにもかかわらず、各自治体の警察本部と同じように、各都道府県の公安委員会の下に位置する組織である。**

一般的には、明治時代に警察制度が導入されたときの経緯が名称に影響しているとされる。東京府（当時）の警察を管轄する内務省の下で「東京警視庁」が発足し、首都・東京を守る警察組織として「警視庁」という言葉が浸透。戦後GHQから「警視庁について、東京だけが他の道府県と違う名称を使うことは好ましくない」という意見が出たが、結局警視庁の名称はそのまま存続することになった。ちなみに、GHQの強い後押しで戦後の一時期「大阪市警視庁」が設立されたことがあったが、すぐに大阪府警に名称を戻している。つまり、戦後の一時期ではあるが、「警視庁」は2つ存在していたのだ。

「警視庁」は日本警察組織の中心

このように、名称において警視庁はほかの道府県警より特別視されているが、裏を返せばそれだけ全国の警察本部に強い影響力を持っている証拠である。たとえば、2010年10月1日に児童ポルノなどインターネット上の違法情報の取り締まりを強化するため、警察庁は初動捜査の情報を警視庁に一元化した。これまで、ネット上で違法情報の端緒を摑んだ複数の県警本部がそれぞれ別々に捜査するなど非効率な面があったが、新しいシステムでは、まずネット上の違法情報を警視庁に集め、そこから各警察本部へ個別に提供する仕組みとなった。

このように、警視庁は首都警察であると同時に、日本の警察組織の中心としての性格をさらに強めつつあるのだ。また2003年、警視庁が反社会的勢力などの組織犯罪摘発を強化するため、刑事部、公安部、生活安全部の機能を部分抽出した組織犯罪対策部（通称・組対）を発足させたが、このトレンドがその後、道府県本部へ拡大していったことも、警視庁がほかの道府県警本部の模範になっていることの証左と言えるだろう。

警察組織を適切に運用させる「警察庁」

一方の「警察庁」は、全国に47ある警察本部のまとめ役ともいうべき行政組織であり、国家公安委員会の特別機関である。警察官も所属しているものの、捜査権限はない。「警察庁刑事局」という、いかにも事件捜査が行われそうな部局も有しているが、基本的に現場に出向いて捜査するようなことはない。

たとえば、警察庁が入っている霞が関の中央合同庁舎第2号館で殺人事件が起きたとしても、警察庁にいる警察官が捜査することはない。その場合は、すぐ近くの警視庁から警察官がやってきて捜査することになるだろう。

捜査権がないとはいえ、もちろん「警察庁」は重要な組織である。各都道府県警本部のサポートをしたり、調整役を買って出たり、国家規模のイベントや災害などで一時的に全国の警察本部が協力しなければならなくなったり……といったときに、しっかりとリーダーシップを発揮するのが「警察庁」の大きな役割である。
それだけでなく、**各警察本部の要望を汲んで警察制度をめぐる問題などで国の各省庁と掛け合うなどの折衝を行うこともある。**

性格的には「警察官の組織」というよりも「官僚組織」といった印象が強いと言えるだろう。だが、前述したように「警察庁」のようなまとめ役がいなければ全国の警察本部は大事なときにバラバラになってしまいかねない。県境をまたいで各県警同士が協力するというのは容易でない部分があり、場合によっては双方に反発が生まれてしまうようなこともある。組織同士にライバル意識などがある場合は、余計に面倒で複雑な事態になってしまう。

そういったときに「警察庁」の存在は非常に大きく、各都道府県の警察本部も警察庁からの指示となれば無下にすることはない。

警察制度などの問題を訴えるにしても、県警レベルで国の省庁に要望を通すことは簡単ではないだろう。やはり、そういった場面でも「警察庁」のサポートはとても大きな助けになる。警察の立場から官僚的な仕事を請け負うことで、全国の警察組織をうまく回しているのが「警察庁」ともいえる。

2 正式な階級ではない「巡査長」の謎

──強警察官の過半数が「巡査」か「巡査部長」！

警視庁のトップに立つのは警視総監だ。警察法では「警察官の階級の最高位」と定められている。警視庁は形式上、あくまで都道府県警本部の1つではあるが、「首都警察」として国内最大の人員を備えていることから、そのトップは警察の階級の頂点であるべきと、「警視総監」が就くことになっている。つまり、警視総監は警察の階級の1つであると同時に、警視庁のトップの名称でもあるのだ。

なお、警察組織全体では、警視庁を管轄する警察庁のトップである警察庁長官に次ぐ第2位となる。ただし警察庁長官がトップで警視総監が次位といっても、実際の捜査活動などは基本的に独立して行われているため、この格付けの優劣が現場にまで影響することはまずあり得ない。

1874年に内務省直轄機関として東京警視庁が設置されたときの長官は「大警視」などと称されていたが、組織改編により東京警視本署を経て1881年に再度警視庁が設置されてからは「警視総監」の名称が使われるようになった。なお、当時の格付けとしては東京府知事よりも上とされ、国からの俸給も府知事を上回っていたそうだ。

現在は一般職の国家公務員とされ、格付けは国税庁長官や自衛隊の幕僚長と同等。国家から支給される俸給は月給110万7000円を基本として、在職年数や評価によって上下する。いずれにせよ、一般的な警察官から見たら雲の上の存在である。

警察官のほとんどが「巡査」か「巡査部長」

警察官の階級は警視総監を頂点として、以下「警視監」「警視長」「警視正」「警視」「警部」「警部補」「巡査部長」「巡査」の9つで構成されている。

警視庁の場合、東京都の警察官採用試験を受験して、これに合格した者は府中市にある全寮制の「警視庁警察学校」に入校。**この時点で「巡査」に任じられて毎月の給与が支払われるようになるが、あくまで「条件付き採用の警察官」である。**

大学卒業なら6カ月、高校卒業は10カ月の入校期間を終えると、基本的には交番勤務からスタートすることになる。

その後、巡査部長に昇進するためには、大卒なら2年、それ以外は4年の勤務を経たあとに、通常は年に1回開かれる昇任試験に合格しなければならない。

全国警察官のおよそ30％となる9万人ほどが巡査部長とされ、人数的には巡査と同等である。通常の巡査業務においてはその中核を担い、また警部や警部補ら上司の補佐や新任巡査の指導などを行っている。

全警察官の87％は下位3つの階級！

なお、巡査と巡査部長の間に「巡査長」という階級が存在している。これは一定期間の勤務を経験して優れた指導力を認められた者が、選考を経て任命されるもの。警察法で定められた正式な階級ではなく、国家公安委員会規則により規定された階級であり、法律上はあくまで巡査である。巡査として勤務するほか、後輩の巡査の指導にもあたる。

巡査部長としての実務経験が、大学および4年制専門学校卒業なら2年、短大卒で3年、それ以外は4年以上になると、警部補への昇進試験の受験資格を得られる。ただし、**国家公務員採用総合職試験に合格している（キャリア）場合は最初から警部補となる。**

全国警察官のおよそ87％が巡査から警部補までの階級であり、多くの警察官にと

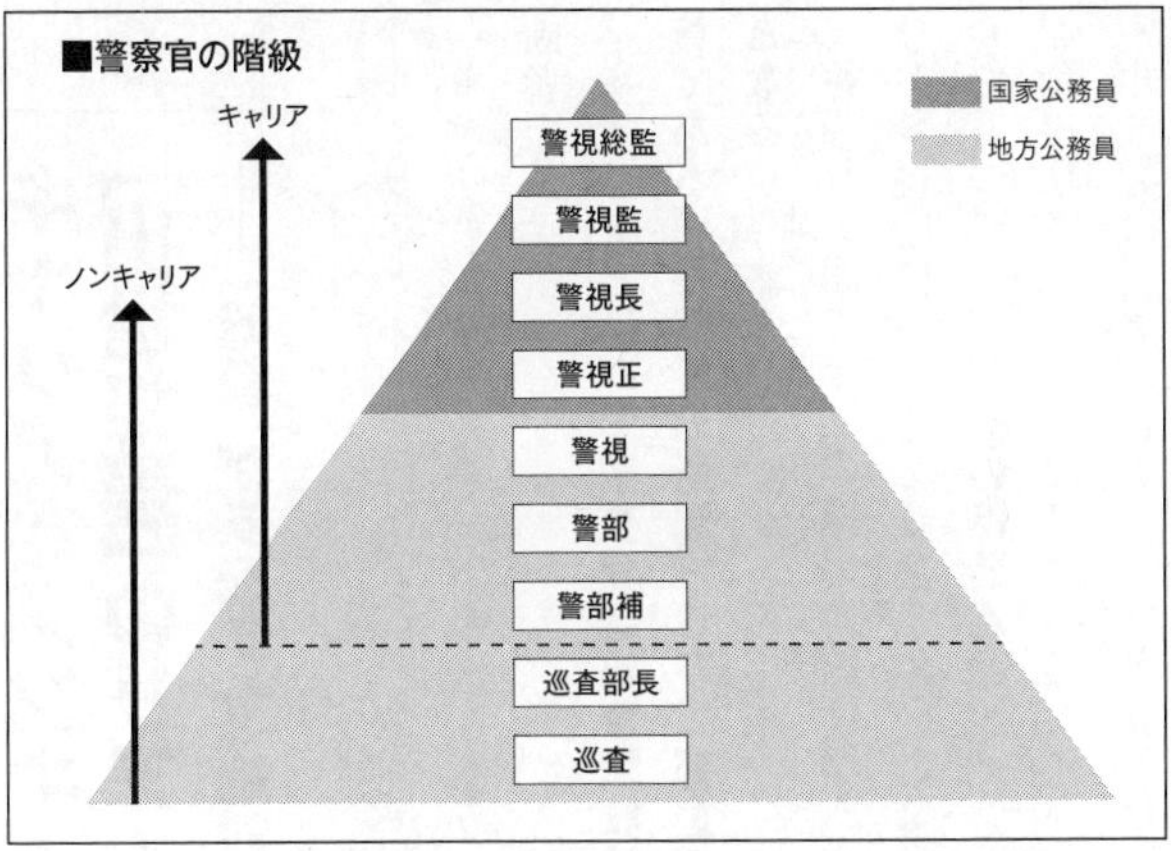

って「警部」は羨望の存在といえるのである。

警視になるとまずは警察署の管理官、警察署の副署長などを経て、中小規模警察署の署長が最高到達点となる。なお、警視正になると自動的に国家公務員の身分になる。

警視長は過去にノンキャリアの警察官が就任したこともあるが、実質キャリアのポジション。警視監は38名の定員があり、そのなかから警視総監や警察庁長官が選出される。

3 キャリアとノンキャリア「出世格差」のリアル！

──「階級」が支配する〝絶対的ヒエラルキー〟の世界

キャリアとノンキャリアというのは刑事ドラマなどでもよく耳にする言葉だろう。「キャリア＝偉い人」というようなフワッとした認識をしている人もいそうだが、両者の差は明確だ。

キャリアとは「国家公務員総合職試験」の合格者のことをいい、身分は国家公務員である。警察庁の所属となり、都道府県警本部や所轄においてはいわば出向の形となる。

キャリア組の年間の採用人数は15人から20人程度で、そのほとんどは東京大学卒。なお警視庁において2023年度に警察官として採用予定の人数は1100人であった。つまり警察官のほとんどがノンキャリアの地方公務員というわけだ。

キャリアとノンキャリアの最大の違いは昇任スピードに現れる。キャリアが特急電車ならば、ノンキャリアは各駅停車である。キャリアは将来の幹部候補生ということで初任から巡査、巡査部長をすっ飛ばして警部補の階級が与えられ、順調に出世をしていけば34～35歳の頃には警視正となり、その後は警視監、果ては警視総監への道も開かれている。

これがノンキャリアだと大卒でも巡査からのスタートになる。その後、地道に昇任試験を受けながら、巡査部長、警部補……と段階を踏んで階級を上げていく。30代前半で警部補（キャリアは22、23歳でなれる）、30代後半で警部になれればノンキャリアの警察官人生としてはかなり順調なほうで、大半は巡査部長か警部補の階級で退職を迎える。警部の階級で退職できたら大出世もいいところだ。ただし、**ごくまれに警部から警視、警視正、警視長（退職時には警視監となる）になるノンキャリアもいるが、そこに到達する頃には50歳以上になっており、この時点でキャリアとは15年程度も昇任スピードで遅れることになる。**

また、階級と役職は慣例としてきっちりリンクしていている。巡査部長が警察本部の課長や部長、あるいは所轄の署長になることはあり得ないのだ。

警察ヒエラルキー最下層の巡査だが、まずは交番や派出所などに勤務し、パトロールや事務作業などを行う。巡査部長は都道府県警本部の係員や所轄の主任といったところか。担当業務を行いつつ、上司である警部や警部補を補佐したり、巡査の指導監督を行ったりする。警部補は警視庁では主任、道府県警本部や所轄では係長クラス。実働レベルの長として指揮命令を発する。警部は役職としては警視庁の係長や道府県警本部の課長補佐などで、管理職としてのデスクワークがほとんどであり、現場に出る機会は少ない。警視の役職として代表的なのは、警視庁の課長・管理官や所轄の署長・副署長など。管理官とは、捜査一課や捜査二課といった複数の課を統括するポストで、重大事件の捜査指揮などを行う。警視正は警視庁の参事官・課長、道府県警本部の部長、所轄の署長が主な役職。警視長の主な役職は警視庁の部長、道府県警本部の本部長で、指揮監督が主な仕事内容。キャリアの警察官は、採用22年目に優秀な人から警視長になる。また、警視長になった人は全員次の階級の警視監にまでなれる。警視監の役職は警察庁の次長・局長・部長・審議官などである。最後の警視総監は前項で述べたように警視庁のトップであり、全警察官のうち1人しかいない。

第三の存在「警察行政職員」

ノンキャリアであってもその待遇は、一般企業の会社員と比べてもかなり高めで安定している。たとえば**巡査部長として定年まで働いたときには2500万~30**

００万円ほどの退職金が出る。さらに定年後も、民間の警備会社の多くは警察退官者のための採用枠を設けているほか、パチンコ関連業界などでも元警察官を積極的に採用するため、再就職にあたっては引く手あまたの状況にあるという。

ただし、これは無事に定年まで勤め上げた場合に限ったことで、不祥事があればそれがたとえ法的には問題のない不倫であったとしても、中途退職を余儀なくされるケースがほとんどだ。警察が世間からの信頼第一で成り立っていることを思えばそれも仕方のないことではあるが、しかしこのときも「臭い物に蓋」とばかりに即時のクビ切りとなるのはノンキャリアのほうであり、キャリアの場合には何かと守られるとの噂もある。

なお、警察にはキャリア、ノンキャリアという警察官以外に、「警察行政職員」という者も存在する。各警察本部や警察署での警察事務を担う事務職や、警備艇やヘリコプターの整備、通訳などにあたる技術職で、刑事部に設置されている科学捜査研究所、いわゆる「科捜研」の研究者もこれにあたる。

警察行政職員は警察官と違って捜査権を持たず、また警察のような階級もない、いわば「普通の公務員」である。

4

「管理官」とはどんなポジション？

――『踊る大捜査線』の「室井管理官」で一躍メジャーに

数ある警察の「○○官」という官職のなかでも、近年最も有名になったのが「管理官」という役職と言えるだろう。

織田裕二の主演で90年代に大ヒットしたドラマ『踊る大捜査線』において、柳葉敏郎が演じた室井慎次というキャラクターが「室井管理官」と呼ばれ、それまで馴染みのなかった一般社会でも「管理官」という職名が一気に有名になったのである。

その後も警察を扱ったドラマや映画などのフィクションにたびたび「管理官」が登場するようになったが、おそらくこれも「室井管理官」の影響が大きいだろう。

管理官という言葉は名称的に「いかにも」な風格があり、とくにドラマにおいては型破りな主人公と対比するポジションとして打ってつけであることが、フィクションで使われやすくなった要因と考えられる。

役職は都道府県警ごとに異なる

フィクションの話はさておき、警察では「調査官」「指導官」「参事官」「企画官」などなど……たくさんの「〇〇官」がいる。

「管理官」という職名自体は有名になったものの、どのような職務内容で、どれくらい警察内で「偉いのか」といったことは一般人にとってわかりにくい。

そもそも「〇〇官」は各都道府県の警察によってローカルルール色が強く、それぞれで役職の位置づけが異なる。

すべてに共通する定義は難しいのだが、ここでは各警察の最大公約数的な面から「管理官」がどのような役職なのかを説明しよう。

警察本部では、警視庁の課長や所轄の署長のことを「所属長」と呼び、「所属長」は主に警視がなる。ゆえに警察内部では「所属長警視」という概念が存在し、それに対して「所属長警視ではない警視」という存在がある。

階級自体は同じ「警視」でも、両者の間には明文化されていない差があり、一説には「1階級違うと言ってもいい」という見方もある。

逆に言えば、**これから「所属長警視」を目指すべき「無印警視」たちがたくさん**

いることになる。そういった警視たちが就くのが「○○官」という役職であり、そのなかの1つが「管理官」なのである。

「管理官」は都道府県警本部の各課各室に置かれるポストで、前述した室井慎次は「警視庁刑事部捜査第一課の強行犯捜査担当管理官」というポジションで登場した。基本的に階級が警視の警察官が「管理官」となり、各課の課長、次席に続くナンバー3、都道府県によってはナンバー2に位置する。

実働部隊や専門部隊の「元締め役」

警察内部のポジション的には、管理官は警部の上に位置するが、警察においては警部の時点で管理職となるため、それより上となると「かなり偉い」ということになる。

また、課長は1人しか置かれることはないが、管理官は所属によっては複数人が置かれることもある。

実務的な面で見ると、課長は全体の指揮を担当し、次席は庶務の取りまとめや査定、管理官には実働部隊の指揮や特定の専門分野の監督といった仕事が任される。

警視庁の刑事部捜査第一課の管理官であれば、重大な事件が発生すると現場へ向かい、捜査本部で陣頭指揮を執ることになる。

言ってみれば、実働部隊やエキスパート部隊の「元締め役」といったところだ。

管理官は1人で複数の係を統括することになるため、同時に複数の捜査本部を指揮することもあり、かなり多忙なポジションと言える。

管理官の権限はかなり強く、人間関係によるので一概には言えない部分があるものの、次席ですら管理官の方針などには口を挟まない傾向がある。

ただし、警察本部における上位のポジションで役割を分け合っているため、互いの縄張りには手出ししないという暗黙の了解があるようだ。

なお、警視庁の場合、刑事部捜査第一課の管理官にキャリアがなることはほとんどない。この点でもドラマの中の「室井管理官」はきわめて異例な存在と言えよう。

東京都公安委員会

警視総監

副総監

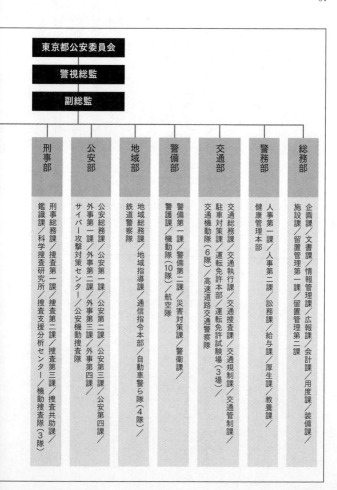

- **総務部**：企画課／文書課／情報管理課／広報課／会計課／用度課／装備課／施設課／留置管理第一課／留置管理第二課
- **警務部**：人事第一課／人事第二課／訟務課／給与課／厚生課／教養課／健康管理本部
- **交通部**：交通総務課／交通執行課／交通捜査課／交通規制課／交通管制課／駐車対策課／運転免許本部／運転免許試験場（3場）／交通機動隊（6隊）／高速道路交通警察隊
- **警備部**：警備第一課／警備第二課／災害対策課／警衛課／警護課／機動隊（10隊）／航空隊
- **地域部**：地域総務課／地域指導課／通信指令本部／自動車警ら隊（4隊）／鉄道警察隊
- **公安部**：公安総務課／公安第一課／公安第二課／公安第三課／公安第四課／外事第一課／外事第二課／外事第三課／外事第四課／サイバー攻撃対策センター／公安機動捜査隊
- **刑事部**：刑事総務課／捜査第一課／捜査第二課／捜査第三課／捜査共助課／鑑識課／科学捜査研究所／捜査支援分析センター／機動捜査隊（3隊）

■警視庁の組織・体制略図

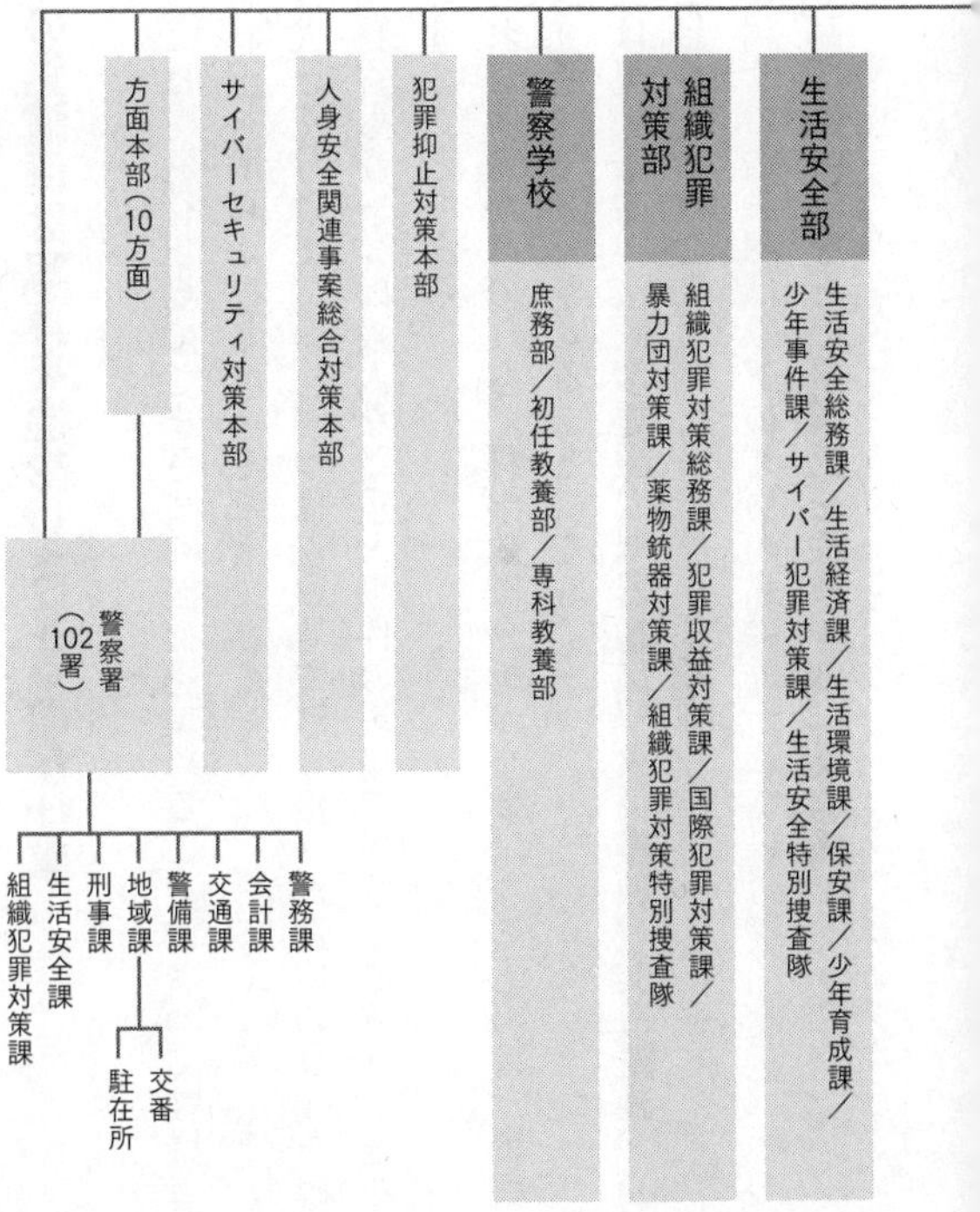
生活安全部
生活安全総務課／生活経済課／生活環境課／保安課／少年育成課／少年事件課／サイバー犯罪対策課／生活安全特別捜査隊
組織犯罪対策部
組織犯罪対策総務課／犯罪収益対策課／国際犯罪対策課／暴力団対策課／薬物銃器対策課／組織犯罪対策特別捜査隊
警察学校
庶務部／初任教養部／専科教養部
犯罪抑止対策本部
人身安全関連事案総合対策本部
サイバーセキュリティ対策本部
方面本部（10方面）
警察署（102署）
警務課
会計課
交通課
警備課
地域課
刑事課
生活安全課
組織犯罪対策課
交番
駐在所

5 ベテラン「鑑識課員」の神業拝見！
――所轄の鑑識係は写真を撮影しまくるのが仕事

「刑事部鑑識課」とは、犯行現場でさまざまな証拠を集めることによって被疑者を特定したり、犯行状況を明らかにしていく部署である。

具体的な作業は大きく分けて二つ。一つは警察署で取り扱った遺体の身元を確認するための照会業務、もう一つは殺人など重大事件の現場で指紋や足跡、毛髪などの鑑識資料を採取することである。

そうして集められた手がかりのうち、科学的な分析が必要になるものは、警察本部の「科学捜査研究所」で分析されることになる。

科学捜査の分野は現場鑑識、法医学鑑識、銃器鑑識、火災鑑識、文書鑑識、心理鑑識、写真鑑識など多岐にわたる。

警視庁刑事部に属する鑑識課は以下の4つの係に分かれている。

・現場で指紋や足跡、髪の毛などの遺留品を採取する「現場係」

・手の指紋を調べて犯人の特定を行う「指紋係」
・足跡を調べて犯人の履いていたものを特定する「足痕跡係」
・現場を撮影したり、防犯カメラの映像や似顔絵から犯人の特定を行う「写真係」

現場ではそれぞれが分業によって作業を行うことになる。

所轄の鑑識係は「現場保存」と「現場撮影」

所轄の鑑識係と、本部の現場鑑識係でもその役割は異なる。**所轄の鑑識係に求められる仕事は、まずとにかく「現場保存」をすること。そして、ありとあらゆるところの写真を撮影することだ。**たとえば事件当時に「部屋の扉は開いていたのか」「室内灯は点いていたか消えていたか」「窓は何センチほど開いていたか」といった些細なことが、ときには事件解決において重要情報になったりもするのだが、実際に捜査にあたる刑事は細かな状況までは覚えていなかったりする。そのため、所轄の鑑識係は細かな部分まで徹底的に写真で記録しておくことが求められるのである。

一方、本部の現場鑑識係は、各種証拠の収集と分析といったことを行うため、より高度な技術が求められる。

鑑識課員は普段宿直で待機していて、事件の通報があれば時間を問わずに現場へ急行して、一刻も早く証拠品の収集にあたることになる。

これまたテレビのあるあるだが、**現場鑑識の最中に刑事がドカドカ踏み込むなんてことは、現実ではあり得ない。**捜査を担当する刑事であろうとも、鑑識の許可なく現場へ入ることはできないのだ。

ただし、鑑識の基礎的な技術については刑事の全員が学んでいるため、空き巣のような比較的軽微な事件の場合は、現場に最初に到着した刑事が指紋の採取などを行うこともある。

「鑑識競技会」で技能を研鑽

鑑識官になるには、まず刑事部に配属されて捜査員としての経験を積まなければならない。そうして任用試験の合格者や、人事異動で鑑識課に配属された者が研修を受けて、初めて鑑識課員となることができる。ただし鑑識課員の新規採用は非常に少なく、主に欠員補充として年間に数名といったところだという。

鑑識はまさに職人の世界であり、全国の警察本部ではその鑑識技術を競う「鑑識競技会」が定期的に開催されている。競技会では、実際の事件現場での鑑識作業を想定して、証拠となる指紋や足跡、ＤＮＡなどをいかに現物に近い形で採取、保存できるかを競い合ったり、粘着テープや空き瓶のでこぼこした部分から十分な指紋が採取できるかというような特殊技術が披露され、鑑識捜査における技術向上が図られている。

そうして日々技術の研鑽を続けた結果として、ベテラン課員になると神業じみた能力を持つようになる。

たとえば、犯人が残した足跡を見ただけで「これは〇〇社製の××という靴だ」と瞬時に判別したり、指紋には両手の十指それぞれに何万ものパターンがあるのだが、これを一目見ただけで「何番の指紋だな」と言い当てたりする「指紋の神様」的な人もいるのだとか。

現在は「自動指紋認証システム」によって瞬時に指紋を判別し、８００万件以上ストックされた犯罪者の指紋と現場の指紋をわずか０・１秒未満で照合することができる。

しかし、そうして指紋認証システムによって指紋の類似点を見つけ出すことはできても、本当に一致しているかどうかを確認するためには最終的に人の目で確認する必要があり、そのときにはやはりベテランの能力と経験がものを言うのである。

6 要人警護を担う「SP」は超エリート！
──「身長173センチ以上」など厳しい条件の中身

SPとは「セキュリティポリス」の略称であり、要人警護を担当する警察官のことをいう。SPの所属する「警備部警護課」が創設されるきっかけとなったのは、1964年に起こった「ライシャワー襲撃事件」だった。

当時の駐日米国大使ライシャワー氏が、アメリカ大使館の門前で19歳の若者に太ももをナイフで刺され重傷を負ったことで、要人警護の必要性が問われるようになり、警視庁に警護課が設立される運びとなったのだ。

警視庁に要人警護を専門とするSP隊が設立されたのは、1975年のこと。同年6月、佐藤栄作元首相の葬儀に参列した三木武夫首相（当時）が、護衛の警官がいたにもかかわらず右翼団体「大日本愛国党」の構成員に殴打されて負傷する事件が起こると、それまでのなるべく目立たぬようにする護衛体制では要人を守り切れないということで一新することとなった。

米国の「シークレットサービス」方式がモデル

このときに参考にしたのが、1974年にフォード米国大統領が来日した際に同行したシークレットサービスの警護方式だった。それまで日本では謙虚を美徳とする精神もあってか「要人よりも日立ってはいけない」という、要人を遠巻きにして見守るような形で警護をしていたのだが、**シークレットサービスは移動の際にも常に大統領を取り囲み、まるで周囲を威圧するかのごとく、暴漢が近寄れない空気を作り出していたのだ。**

これ以降、日本でも要人を取り囲むような警護スタイルが一般的なものとなった。また、以前は要人を注視して近づいてきた暴漢に対処するという警護方式であったが、近年では警察庁の指示もあって、狙撃などへの対応のため周辺群衆に不審な動きがないか警戒する方式となっている。

菅義偉前首相がSPを引き連れて日課の散歩を行う姿は、日本人の精神文化からするとどこか違和感もあっただろうが、外国ではこれがスタンダードなのである。

ちなみに、首相の警備は警視庁警備部警護課の第一係。国務大臣は第二係、外国の要人は第三係、都知事や野党の党首などは第四係となっている。

SPは官邸や議員宿舎で出入りする人や荷物のチェックを行うほか、地方遊説先にも同行して、駅や空港では警護対象者を取り囲むようにして移動することになる。天皇陛下や皇族の警護については警察庁直属の皇宮警察によって行われ、警視庁や道府県警の警備業務としては後方支援にとどまるため、SPが関与することは基本的にない。

原則として、大臣など役職のない国会議員にSPがつくこともなく、それぞれの議員が必要に応じて自ら警備会社の警備員を雇うことになるのだが、右翼団体や左翼過激派などから危害を加えられるおそれのある場合には、議員の要請や警察当局の判断でSPがつくこともある。

SPが「防弾チョッキ」を着けない理由

万が一の失敗も許されないため、SPになるには厳しい条件がある。

男性の場合は身長173センチ以上。剣道もしくは柔道で三段以上の段位を持ち、射撃の腕前も求められる。外国人の警護にあたる場合には、その国の言葉も堪能でなければならない。

とっさのときの状況判断や対応能力、さらには崇高な使命感といった精神面での適正も審査されることになる。並みの人間なら、1つクリアするのも困難だろう。

これらをクリアした警察官が警察学校などの施設で特殊な訓練を受けて、さらにそこから選抜されて最終的に残った者がようやくSPに任命される。

女性要人の警護のための女性ＳＰもいるが、これはＳＰ全体の2％程度である。凶刃や銃弾の盾となるには体の大きい男性のほうが適しているということなのだろう。

ＳＰの所持する武器は拳銃だが、とくに決まったものはなく、各人が自分に合う拳銃を選んでいるようだ。ほかには特殊警棒を携行している。また、要人の至近に配置されるＳＰの携行するカバンには折り畳み式の防弾盾が仕込まれていて、銃撃を受けた際には要人の周りでこれを広げて銃弾から守ることになっている。

防刃衣や防弾チョッキは指令のない限り、めったに着けることはないという。これらを着けるとどうしても動きが鈍くなってしまう。そのため、ＳＰ各人が習得している武術や護身術によって警護対象者を守ることに主眼が置かれているようだ。

さらにいえば、防弾チョッキ・防刃衣で自分の体を守ることよりも先に、素早く動いて要人の盾となれ、という意味もありそうだ。

7 ヤバい組織がなくなると困る！「公安警察」の存在理由って？

──悪名高い「特高」の流れを汲むエリート集団

戦前から戦時中にかけて「アカ狩り」と称される共産主義・社会主義者の弾圧を行ってきた特別高等警察、いわゆる「特高」を前身とするのが、「警視庁公安部（公安）」である。

「公安」の名称がつけられているものでは警視庁公安部のほかに、各道府県の警備部公安課、警察庁警備局の公安課や公安調査庁、公安審査委員会、国家公安委員会などがある。

おおまかにいえば、警視庁公安部をはじめとする日本の公安警察は、警察庁警備局公安課の指揮の下でさまざまな活動を行う実戦部隊。

公安調査庁は法務省の外局として設けられた行政機関で、左翼団体の扇動による「血のメーデー事件」などを受けて1952年に施行された「破壊活動防止法」や、オウム真理教事件を受けて1999年に施行された「無差別大量殺人行為を行った団体の規制に関する法律」（通称・団体規制法、オウム新法）に基づいて捜査や諜報活動を行っている。

公安審査委員会もやはり法務省の外局で、破壊的団体もしくは無差別大量殺人を行った団体などへの処分を決めたり、規制の妥当性を審査したりしている。

国家公安委員会は内閣府の外局として置かれたいわば警察のお目つけ役であり、警察行政の民主的管理を主な役割としている。

公安部に配属されるための厳しい審査

各道府県の警察本部の公安警察が警備部の公安課として設置されているのに対して、警視庁の公安部は唯一、独立した組織となっている。職務の性質上、その全容までは明らかにされていないが、おそらくは1000人以上、所轄警察署まで含めると2000人ほどがいるようだ。

公安部への配属は基本的には選抜によるもので、警察学校時代や昇任試験での成績が優秀な者から選ばれることが多いという。また交番に配属されてからの、犯人の検挙数が多いことや、品行方正であることなどの条件をクリアしなければならない。

さらに、公安部への配属に際しては徹底した身上調査が行われる。思想的に問題はないか、公安部のマークしている団体や組織との関係はないかなどを調べたうえで、問題なしとなればようやく公安部への登用が決まることになる。

マークする対象を常に追い求めている!?

公安部がマークする対象とされるのは、国内だと極左団体や日本共産党とそれに関連する政治組織、オウム真理教から派生したような過去に犯歴のある新興宗教団体、右翼団体など。さらには国際テロ集団や、北朝鮮系の組織など海外からの脅威も対象となる。

外国の諜報機関や国際テロリズムの監視を担当するのは公安部の「外事一課～四課」で、こちらには国内や海外からの通信を傍受する機関があるとも言われている。

公安部ではこれらの対象を常日頃から監視し、情報収集を行っている。組織にかかわる1人ひとりの顔を覚えるのも重要な職務だ。

そうしたなかでもとくに「反共」は公安設立以来の使命とされていて、国内はもちろん、外国でもソ連（現ロシア）や中国、北朝鮮など共産主義国に関係する組織のみならず、大使館までをも監視対象としてきた。

しかし、ソ連の崩壊によって東西冷戦の構図が崩れ、共産主義勢力の脅威が薄まると、公安部の存在意義が揺らぎ出した。そんなとき、絶妙なタイミング（？）でオウム真理教という新たなマーク対象が現れた。1995年の地下鉄サリン事件以降、拠点監視や尾行を繰り返し行い、主要な幹部の多くを身柄確保したのも公安捜査員であったと言われる。

ある意味、常に「監視すべきターゲット」を求めている部署と言えるだろう。

「公安警察も、もう共産党ぐらいしか監視対象がない。でも、共産党はとうの昔に暴力革命を放棄しておとなしくなっていますし、新左翼の過激派も近年はほとんど存在感がありません。予算もかつてほど潤沢ではないかもしれません。とはいえ、仮に監視対象が薄れたりなくなったりしても、私のように拳銃をコインロッカーに入れたりして犯罪をでっち上げ、予算を騙し取るような真似をしてはいけませんね」（稲葉）

公安の仕事の辛いところは、職務内容についてはたとえ家族であっても明かせないところだろう。かかわっている案件によっては昼夜問わずに出かけることになるが、そのときに妻にも仕事のことを言えないとなると、よほど仕事への理解が得られないことには平穏な家庭を築くこともままならないのである。

8 全警察官が唯一経験する部署とは？

――ノンキャリアはここから警察人生のスタート

「地域部」は名前だけ聞いてもどんな職務かイメージできず、ほかの部署に比べると地味な印象を受ける人がほとんどだろう。

しかし、実際には交番勤務の警察官が地域部総務課に所属しているため、我々に最も身近な〝お巡りさん〟といえば、地域部の警察官となるのだ。

また、警察学校を卒業後、最初に配属されるのは所轄の地域部となるため、全警察官が経験する唯一の部署でもある。

かつては「外勤部」「警ら部」という名称だったが、1993年に現在の「地域部」へと改称された。なお、「警ら」とはパトロールを意味する。

「私の場合は札幌中央署の管轄にある『すすきの警察官派出所』に研修で配置されました。駐車違反を取り締まったり、喧嘩の仲裁をしたり、書類作業をしたりと、とにかく忙しかったですが、警察の仕事全般をここで覚えることができて楽しかっ

たですねえ。ただ、パトロールは大変でした。今はミニパトに乗るみたいですが、当時は徒歩だったんですよ。朝から何時間も歩き続けるので、毎日ヘトヘトです」（稲葉）

過酷な地域部の「3交代制」

勤務は、警視庁の地域部は「4交代制」、各道府県警の地域部は「3交代制」が一般的。3交代制は、1日目が「当番」の日で、朝交番に向かい業務を引き継いだら翌朝まで勤務。2日目の朝に次の当番と交代したら署へ戻り、必要書類を作成したあとは休みとなる「非番」。3日目は終日オフの「公休日」となり、これをくり返すシステム。4交代制だと、1日目は16時に交番勤務を終えてから署に戻る「日勤」、2日目は15時に交番へ行き、翌朝まで勤務する「夜勤」となるのが3交代制との違いだ。

3交代制は一見、3日の半分が休みに思えるので楽そうだが、逆に3日の半分は徹夜作業で、非番の日も通報が入ってすぐ休める日はほとんどない。公休日に呼び出されることも多いため、実際には相当ハードである。

「巡回連絡カード」の記入でノルマをこなす

警察官が初めて「警察官の職務」を経験するのが地域部なら、「警察官のノルマとポイント稼ぎ」を初めて経験するのもまた地域部だろう。地域部の警察官がポイントを稼ぐには「犯人の検挙」「交通違反者の検挙」「少年補導」「巡回連絡」などがある。

このうち「犯人の検挙」は刑事と異なり、職務質問で行うのがポピュラーなやり方だ。自転車に乗っているとき、警察官に呼び止められた経験のある人は多いだろう。あれは自転車や所持品を調べ、自転車が盗難品であったり所持品に犯罪につながるものがないか、調べるのが目的なのでひたすら数を当たっているのである。「巡回連絡」は、管轄の住宅を訪ね、住民の生年月日や緊急連絡先などを巡回連絡カードに記入してもらうことである。**新しく住民が引っ越してきた場合はもちろん、記入済みの住宅に家族構成が変わっていないか確認、記録することでもポイントを稼げる。**

意外に思われるかもしれないが、鉄道専門の組織「鉄道警察隊」も地域部所属だ。国鉄時代は「鉄道公安職員」が国鉄職員から任命され、警察官でなくても捜査権

■地域部組織略図

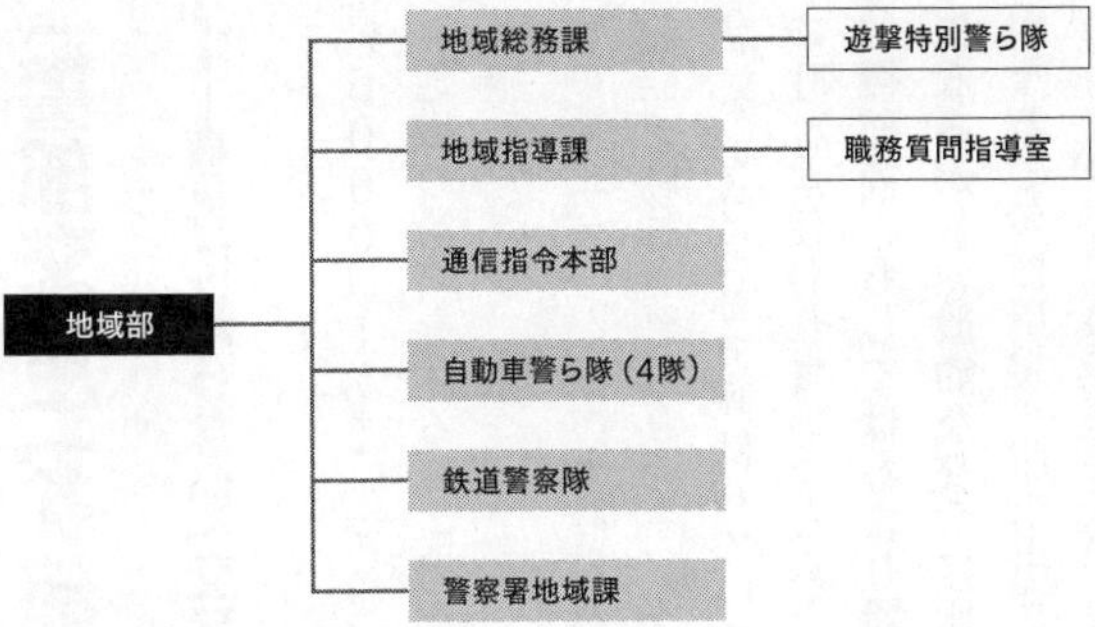

や逮捕権が認められており、国鉄敷地内では拳銃も所持していた。しかし、１９８７年の国鉄分割民営化によってＪＲが発足すると、「民間企業に拳銃所持が許される社員がいるのはおかしい」との意見が続出し、鉄道公安職員は警察組織に組み込まれたのだ。

よく「鉄道マニアが多いのでは？」と言われる鉄道警察隊だが、実際には、ほかの部署と同じように、希望を出しても異動できるとは限らない。逆に鉄道知識がないにもかかわらず鉄道警察隊に配属され、そこから鉄道知識を学び始めるという警察官が多いのが実情である。

9 「警部交番」「幹部交番」とは？

——意外に知らない「交番」トリビア集

全国に6000以上ある「交番」は、簡単に言ってしまえば警察署の〝出張所〟であり、地域の治安を守るミニ拠点として、また、市民にとっての身近な警察窓口として機能している。

警察官の間では「ハコ」と呼ばれたり、英語のポリス・ボックスを略した「PB」という隠語で呼称されたりする。交番の責任者は「交番所長」で、警察官同士では「ハコ長」という通称で呼ばれている。「交番長」でないのは、1994年まで「派出所」の呼称が使われていたためだ。

通常は警部補、もしくはあまり警察事案が起きない地方などでは巡査部長が「ハコ長」になるが、一般的な交番に比べて規模が大きく、運転免許証の更新手続きや車庫証明などの各種申請・届出事務も可能な交番は**警部や警視が「ハコ長」**になる。

そういった大きい規模の交番は、わざわざ「警部交番」「幹部交番」などと呼ばれて区別されている。

世界に広がる「KOBANシステム」

全国の各都市に交番を設置し、さらに各地に駐在所があり、警察官が地元の住民と交流しつつ治安を守る**日本の交番システムは、海外で「KOBANシステム」と呼ばれ、我が国の治安のよさを示す1つの象徴となっている。**

ブラジルやホンジュラス、シンガポールなど各国が「ＫＯＢＡＮシステム」を導入し、実際に凶悪犯罪の件数が減少したという。近年、日本各地の交番が「ＫＯＢＡＮ」という表記を掲げているのも、海外の認知度が高まったことを受けてのものだ。

このように、世界に広がりつつある日本の交番だが、**当の日本では人員不足による大きな問題を抱えている。その代表的な例が「空き交番」だ。**

交番の前を通りかかったけれど中は不在、といった光景を目にしたことがある人は多いだろう。昼間はまだしも、パトロールや通報などで交番の業務が増えたり、繁華街に人員が集中したりしている夜間は無人になることがどうしてもある。

２０２０年９月には、東京都葛飾区で20代の女性が深夜に自転車に乗った男に体を触られるなどのわいせつ被害を受け、約40メートル先の交番に駆け込んだが、交番は無人。女性は追いかけてきた男に交番でさらにわいせつな行為をされるという事件があった。

「ブロック制」の導入で人員不足を解消も……

そもそも、巨大な交番は例外として、通常の交番は非常に人員が少ない。一般的には、2~3人1組で24時間交代、3チーム交代制といった仕組みとなっている。この「交代に番をする」というシステムが、まさしく「交番」の由来である。ちなみに駐在所は、警察官の交代がなく、そこに居住しながら活動するという違いがある。警部交番も、もともとは警察署だったのが、人員削減のために別の署と統合され、会計課や警務課などをなくしてできたものが多い。

夜間は繁華街や駅前の交番が多忙になるが、その時間帯だけ人員を増やしてもらえるわけではない。そこで、**地域ごとに複数の交番を「ブロック」にすることで、比較的手が空きがちになった交番から多忙な交番へ、一時的に人員を動かせる仕組みができあがった。**ブロック内で最も大きな交番の「ハコ長」が「ブロック長」に任命され、ブロック内の人員移動などを指揮できるようになっている。

交番は地域の治安を守る拠点としての役割を求められる

この「ブロック制」の導入によって多忙な交番の負担は軽減されたが、先ほどの葛飾区の女性の事件のように、移動で警察官がいなくなった交番付近で事件が発生した際、対応する警察官が1人もいないというリスクも抱えてしまった。

警察庁も警察官OBを再雇用する「交番相談員」制度を発足させるなどして空き交番の解消に努めているが、根本的な問題解決には至っていない。「警察官を増やせばいいじゃないか」という声もあるだろうが、少子化と団塊世代の定年退職、そして財政問題のトリプルパンチによって警察官を増やすのは容易でなく、人員不足は解消する見込みが立っていないのが実情だ。

10 スピード違反を取り締まる「測定装置」でねつ造が発覚！

――ノルマに追われる「交通部」の内情とは？

警察の交通部門を管轄する「交通部」。刑事部や警備部に比べると「格下感」があるが、警視庁と各道府県の県警本部に必ず設置しなければならない〝必置部署〟となっている。ちなみに〝必置部署〟はほかに、刑事部、警務部、生活安全部、警備部がある。

交通部は、運転免許の各種手続きや小学校での交通安全マナー指導、交通整理など、主に道路交通法に関する任務に携わる。しかし、交通機動力を活用した犯罪捜査や防犯活動など、道路交通法外の活動も行う。

とくに「交通捜査課」は、ひき逃げ事件や車上荒らしの事件が発生すると、逃走車両の絞り込みや証拠資料の保全など、事件解決に向けた捜査を主に行っている。これらの凶悪事件は刑事部と合同で取り組むことが多いため、**刑事部と交通部の警察官は、あまり部同士の交流が少ない警察内において比較的交流が多い。**交通捜査課のなかには、私服で出勤するほぼ〝私服刑事〟な警察官もいるほどだ。

「スピード測定装置」を信じるな!?

一方、スピード違反や無免許運転の取り締まり、主要な交差点での交通整理を担当するのが「交通執行課」である。

意外と過酷なのが交通取り締まりで、都内でも交通量の多い場所で1日交通整理を行うと排気ガスで鼻水まで真っ黒くなり、体調不良を起こす警察官も多いという。そのため、近所の交番には酸素吸入器が置いてあるほどだ。

スピード違反に対しては、オービスやレーザー式のスピード測定装置の採用で年々違反者が言い逃れできなくなってきているが、最新機器の運用には注意も必要だ。

2020年に、北海道警の交通機動隊警部補が、レーザー式の測定装置を適正でない使用でわざとスピード違反になるよう測定し、1年間で50件近いスピード違反をねつ造していたのだ。警部補という立場の人間が関係していたことでこの件は、北海道警が導入した測定装置の実績を上げようとしたのではないかと、まことしやかに囁かれた。

11 日本に3署だけ「水上警察署」とは？

――海の犯罪対応は「海上保安庁」だけじゃない！

一般的に「海の警察」と聞くと、海上保安官を思い浮かべる人も多いだろう。潜水士や特殊救難隊など、海上保安官を題材とした人気漫画『海猿』は実写版のドラマや映画も大ヒットした。海上保安官は全国各地の海上保安署に勤め、各地の海上保安署をまとめる海上保安本部が存在するなど、警察組織と似た点もあるが、海上保安官が所属するのは「海上保安庁」。つまり、警察官ではないのだ。

では、警察に海上を担当する組織がないのかと言われたら、きちんと存在している。それが**「水上警察」だ。大きな港湾での警察活動に特化した水上警察署が横浜、大阪、神戸に3署あり、各警察本部の地域部や生活安全部所属の水上警察隊もある。**

かつては東京にも「東京水上警察署」が存在していたが、2008年に廃止。代わりに東京港臨海地区を包括的に管轄する「東京湾岸警察署」が新設された。ちなみに、署の名称を決めるにあたり警視庁がアンケートを行ったところ、「湾岸署」が圧倒的人気となった。これはドラマ『踊る大捜査線』の舞台が架空の警察署「湾岸署」だったことが影響しており、警視庁から使用許可の打診があったことを、ドラマのプロデューサーが明らかにしている。

横浜の赤レンガ倉庫も管轄

水上警察と海上保安庁とでは、管轄が違っており、**基本的に「河川」であれば水上警察、「湾区外」なら海上保安庁の担当である。**ではその間、「湾内」はどちらが担当するかといえば、双方で協議し、どちらが担当するか決めるケースが多い。日本の警察は原則として都道府県の管轄を越えて活動できないため、水上警察の管轄は、かなりあいまいなのだ。なお、水上警察署はあくまで「水上も管轄とする警察署」であり、陸上も管轄に含まれている。そのため、たとえば横浜市の赤レンガ倉庫で事件が起きた場合は、横浜水上警察署が担当する。

船舶による水上パトロールが主任務だが、**この船舶を操縦する「船舶乗務員」のほとんどは、小型船舶操縦免許や海技免状の取得など資格を満たす人を採用した専門職であり、警察官ではない。**警察学校で2週間ほど研修したのち、警察官と同じ勤務形態で働くこととなる。

12 刑事VS.検事「起訴」をめぐる暗闘！

――「不起訴」の場合には刑事が処分される!?

現実のニュースはもちろん、ドラマや映画、小説などでも「刑事」と「検事」という言葉が入り乱れることがある。そのため「検事」も警察の捜査員であると勘違いしている人も少なくないが、まったく異なる職業である。

刑事が所属する警視庁や各道府県警は、各自治体の公安委員会の下に設けられた組織だが、検事が所属する「検察庁」は法務省の機関であり、まず所属する組織が違う。最高検察庁、高等検察庁および地方検察庁に配属される人が「検事」、区検察庁に配属される人が「副検事」と呼ばれるが、業務に大きな違いはなくこの2つを総称して「検察官」と呼ぶ。

刑事と検察官では、役割も大きく異なる。なにかしら事件が発生した際、基本的に捜査を担当するのは刑事の担当だ。捜査の末に被疑者を逮捕したら証拠が集められ、検察庁へ送致。そこからは担当が刑事部の検察官へバトンタッチされる。検察

■東京地方検察庁組織略図

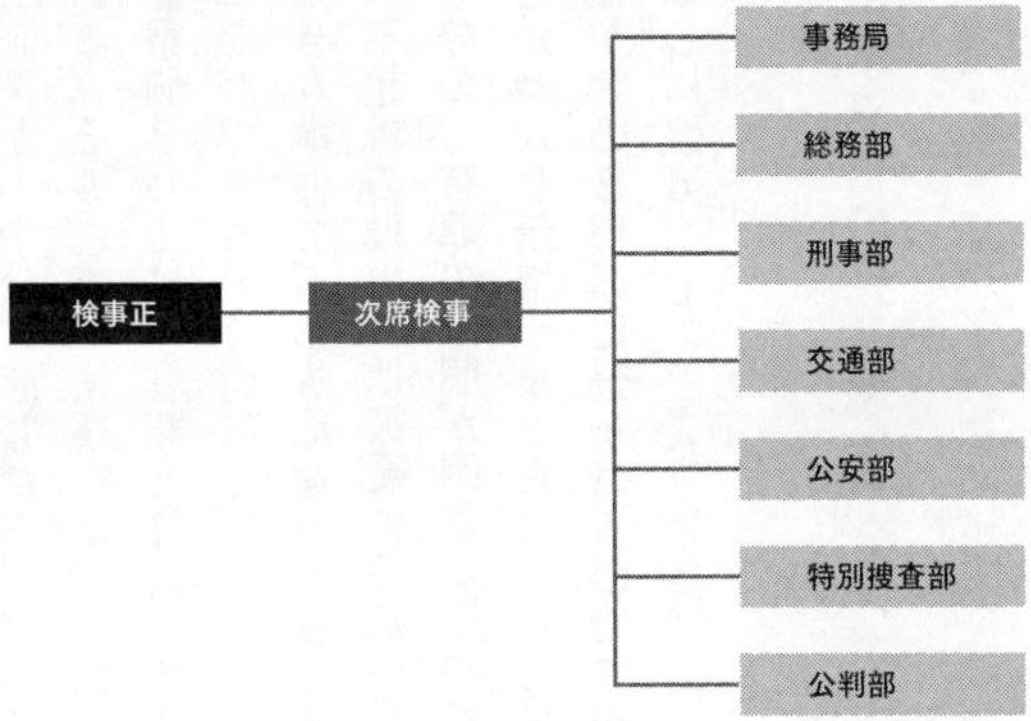

官は被疑者や参考人の取り調べを行い、被疑者を裁判に起訴するかどうかの判断を下す。起訴後の裁判で罪の重さを説明し、罰則を求めるのも検察官の役目である。

つまり、事件発生をスタート、判決が下されるのをゴールと仮定すると、前半は刑事の役目、後半は検察官の役目となる。判決に不服を申し立てることができるのも検察官だけだ。

不起訴だと刑事は処分!?

検察官の1日の業務はほぼ変わらず、朝出勤したら、その日担当する事件の資料を確認。その後は被疑者や参考人の取り調べを行いつつ、供述調書を作成する。

その日の取り調べが終わったら、該当事件の起訴状を作成するという流れだ。ただし、証拠が不十分と感じたら、警察に補充捜査を行わせたり、自ら捜査を行うこともある。そのため、検察官は逮捕状や差し押さえ令状の請求、執行権限を持つ。

警察側としては、有罪と確信して送致しているのに、それを検察官はひっくり返すことができるので面白くない。

「大きな事件で不起訴になったら、送致した刑事が処分されることがありますからね。不起訴の理由には被疑者の疑いが完全に晴れた『嫌疑なし』、疑いは晴れていないものの、有罪の証明が困難と思われる『嫌疑不十分』、有罪の証明が可能でも、罪が軽かったり示談がまとまったりして起訴しなくてもいいと検察官が判断した『起訴猶予』の3種類に分かれるのですが、以前、少年事件を送致して『非行なし（嫌疑なしに該当）』となったときは、担当した刑事が転勤までさせられましたね」（稲葉）

検察事務官の見せ場は「ダンボール運び」

なお、検察官が警察とは無関係に独自の捜査をすることもある。よくニュースなどで目にする「東京地検特捜部が○○容疑者を逮捕」といった報道がそれだ。政治

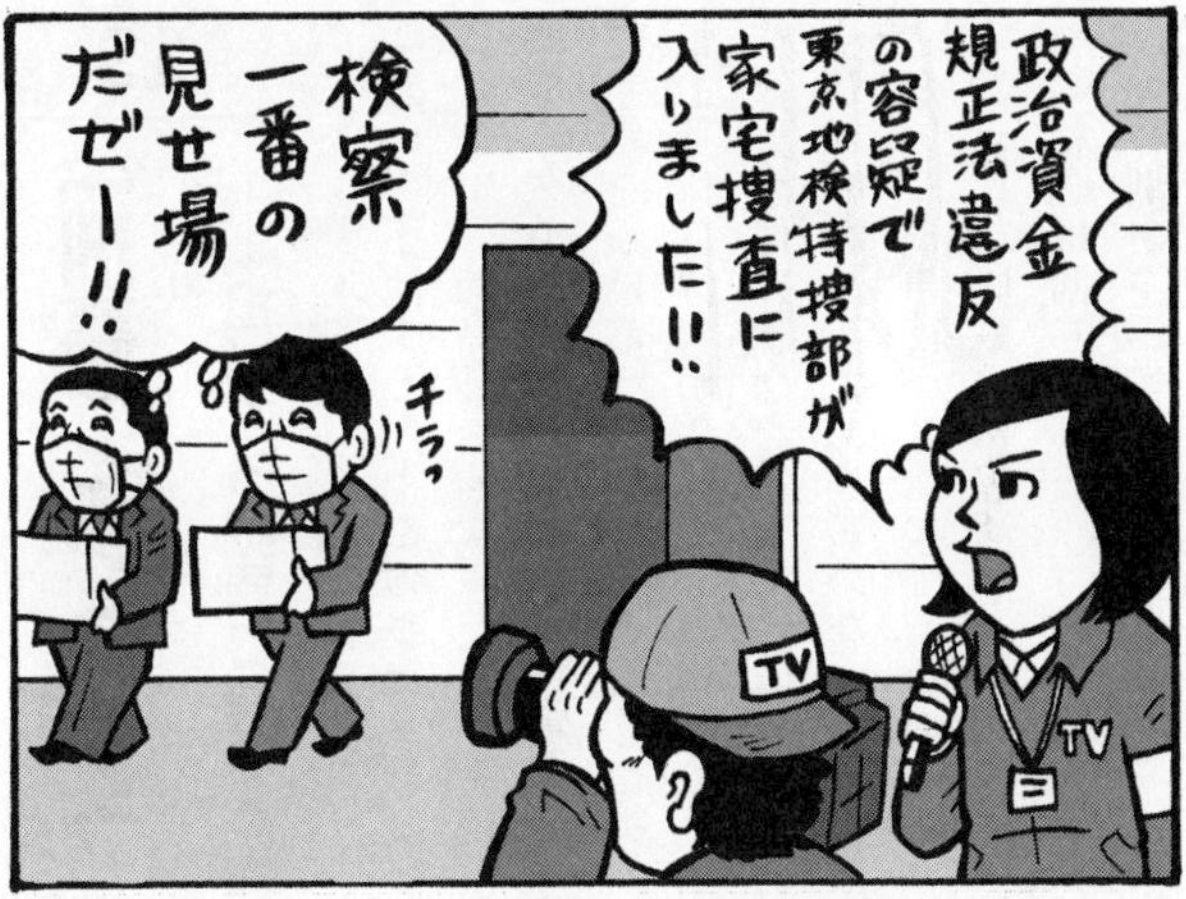

家の汚職、大型脱税、経済事件などの大規模な事件で集中的に捜査を行うべきときは、東京・大阪・名古屋の各地方検察庁に設置された特別捜査部（特捜部）が担当する。

　ちなみに、このニュースでダンボール運びをしているのは**検察官ではなく、そのサポートを行う検察事務官であることがほとんど。**捜査に入る直前は、カメラ映りを気にしている検察事務官も多い。

　ただし、これはあくまで例外であって、一般的な刑事事件で検察官が捜査の主体となることはほぼない。検察官は人員が少なく、スキル的にも捜査は刑事に任せたほうが確実であるため、日本においては業務の分担がしっかりとできている。

13 「刑事」という人生

——担当する犯罪で異なる性格・気性・外見

「おい、小池!」——このキャッチコピーを覚えている人は少なくないだろう。2001年、徳島県で起こった親子連続殺人・放火事件で指名手配されていた容疑者のポスターである。しかし、容疑者は2012年に死亡していた。「刑事人生をかけて手錠をかける」と執念を燃やした担当刑事の告白(朝日新聞デジタル・2019年1月13日付)からは、その無念さが伝わってきた。

重大事件に執念を燃やす。これぞ「刑事の生き方」である。捜査本部の人数が縮小されても決してあきらめないのは、被害者家族の無念を晴らしたいからにほかならない。刑事魂、と言ってもいいだろう。

こうした刑事の執念は殺人事件にかぎらない。新聞の扱いが小さい窃盗事件でも、その執念は同じである。

『泥棒刑事』(宝島社新書)の著者・小川泰平氏は同書において数多くの事件を振り

返っている。

捜査一課から捜査四課（当時）に捜査権が渡っても解決できず、手詰まりとなった窃盗事件があった（通常、窃盗は捜査三課が担当）。同様の手口による事件が起こらず、犯人が鳴りを潜めていた矢先、別の手口による金庫破りが起こった。多くの窃盗犯は同じ手口を繰り返す。侵入方法が異なるため当初は同一犯と見られていなかったが、物色箇所や物色方法が似ていることに気がつき、現場に残された指紋を照合すると一致した。

しかし、前歴がないため住所がわからない。今のように防犯カメラもない昭和の末期である。自筆の脅迫状を元に、質屋にあるカードをしらみつぶしに調べた。1日で調べるカードは何と1万枚だったという。

刑事とは、こうした地味な作業を、根気を切らさず何日も続けねばならないのである。

ドラマでは数分しか描かれない張り込みも、数週間から数カ月に及ぶこともある。犯人がいつ現れるかわからず、同じ光景から目を離せない。尾行も、ターゲットが事件に関与していると判明する行動をいつ起こすか定かではなく、長期間に及ぶことが珍しくはない。捜査の手がかりを探る聞き込みも、違和感を覚えさせない話術が必要だ。

捜査が難航すれば休みは取れず帰宅もできない。深夜だろうと事件が起これば署に出向かねばならない。それが刑事の日常だ。

一課、二課、三課、旧四課（組織犯罪対策課）で違ってくる刑事の人間性

数年前、筆者は元刑事と酒席を共にしたことがある。初対面であり詳細ははぐらかされたが、いくつかの質問に答えてくれた。

上司との対立は表面上こそないが、心の中で違和感を持つ者は少なくないという。刑事ドラマでよくある通り、上司のやり方に疑問を持っても、言葉にすると衝突が生じ、睨まれることもあるだろう。酒の席で愚痴をこぼし、気分転換を図ることがほとんどだという。

最近は酒を飲まない刑事も増えてきたそうで、仕事後の酒は飲める者同士になりがちだとか。このあたり、一般の世の中と変わらないようだ。

仲間同士や友人と連絡を取り合うためラインを使う刑事も増えているが、ＳＮＳは流出の危険性がある。重要な情報は書かず、実名や顔写真も載せない。元刑事は退職後もそうするという。また、万が一、携帯を失くしたときのためにパスワード

一口に刑事と言っても、その仕事は多岐に渡る

設定は必須で、ケタ数は多いに越したことはないと語っていた。

　刑事部は一課（強盗や殺人・傷害・誘拐・性犯罪・放火などの凶悪犯罪）、二課（贈収賄や詐欺、横領や脱税などの知能犯罪）、三課（空き巣・ひったくり・万引き・スリなど窃盗事件担当）、旧四課（暴力団担当。警視庁などでは組織犯罪対策部）に分かれている。二課と旧四課は「ヤクザ繋がり」、一課と三課は「ムショ繋がり」となりやすい。

　清武英利氏（ノンフィクション作家、元巨人軍球団代表）によると、二課の刑事は犯罪の性質上、情報秘匿が重要となるという。権力者が相手となれば当然だろう。退職後もマスコミを敬遠する人が多いそうで、情報秘匿が根づいている。容疑者や捜査対象が冷静であり、捜査員としても冷静さが要求されるが、その素顔は熱くて激しいとも言われる。『マル暴捜査』（今井良著・新潮新書）によれば、暴力団担当の刑事にコワモテが多いのは相手になめられないため。エスと呼ばれる情報提供者（近年は暴力団と親しくなれないため、共生者を運用している）と会う際の配慮でもある。外見は筋肉質で短髪、眼鏡はセルフレーム。スーツはダブルで、何より目つきが鋭いという。所持するライターはオイル式。１００円ライターなどを持たないそうだ。

逮捕してもマスコミの扱いが小さくなりがちな三課の刑事は「やさしい」と言われる。前述の酒席を共にした元刑事も窃盗事件担当でどこかに優しさを感じさせたが、窃盗犯には幼少期に孤独な思いをした寂しがり屋が少なくないそうだ。出所した人物に自腹で金銭を送ったり、就職先を世話したこともある小川氏（元三課）も、自供した犯人に弁当のおかずを分けたり、タバコをあげたという。

ただ、公判などで喋られ発覚すると減給になるため、近年、こうした温情は極端に減ったとも。同様に、マル暴も昔のような付き合い方はできなくなっている。世間と同じく、刑事の世界も時代とともに変わっているようだ。

第3章

警察組織のタブー

1 営業マンもビックリ！ 警察官の過酷な「ノルマ」

――強盗・殺人犯を捕まえれば高ポイント！

日本の警察は公式にこそ認めていないものの、刑事部や交通部などには取り締まる犯罪の種類や内容によってポイントが設定されており、毎月定められた合計ポイントを達成することを現場の警察官に求めている。いわゆる「ノルマ」が存在するのだ。

「私の場合、機捜（機動捜査隊）に異動して初めてノルマに遭遇しましたが、スコアが表になっていて、罪名がザーッと書かれているんですよ。現行犯逮捕なら100点、緊急逮捕なら150点といった感じで点数がつけられていて、コンビで毎月30ポイントを稼がなければならなかった。一番高いのは殺人とか強盗だったかな？　でも、めったにいないですよね。組織全体が競争させる空気を作っていたのは、嫌でしたねえ」（稲葉）

彼らに課されるノルマは月ごとに設定されており、手持ちのポイントが目標を達

成していない捜査員たちは、月末になると胃がキリキリ痛くなるのだという。

なお、職務質問で「逃走中の被疑者」を確保すれば、プラスαのポイントを付与してもらうことができるのだという。

殺人犯を1人逮捕すれば、その月のノルマを達成できるのだが、現実には江戸川コナンが住む米花町のように殺人事件は簡単に発生しない。住民からの通報を受けて喧嘩の仲裁に赴いた先で、はずみで相手を殺してしまった被疑者を現行犯逮捕するような偶然は、治安が悪い土地の警察官ならワンチャンスあるかもしれないが、のどかな土地の警察官では一生に1度あるかないかの幸運だろう。

そのため、普段は地味な軽犯罪の取り

締まりでコツコツとポイントを貯めることになるのだが、凶悪犯が指名手配されると現場の刑事たちは、逮捕に貢献して大量にポイントを獲得するべく、普段以上に必死になるのである。

ちなみに、被疑者の確保に複数人が関与している場合は、その貢献度に応じてポイントを分割することになる。たとえば、パトロール中の捜査員AとB（刑事の行動は2人1組が基本）が不審者に職務質問した結果、相手が強盗殺人で指名手配されている被疑者であることに気づき、速やかに確保できていればポイントはAとBのコンビが独り占めできる。しかし、被疑者に抵抗されて取り逃してしまうと、応援に駆けつけて確保に協力した捜査員CとDのコンビにもポイントを分け与えることになるのである。

年末に民放各局で放送される警察の特集番組などで、「大捕物」と銘打って、逃走する**被疑者に複数人の刑事が飛びかかって確保するシーンが登場することがあるが、あれは被疑者を逃がさないためだけではなく、自分もポイントをもらう資格を主張するために必死になっている**のである。

しかし、ノルマを超えるポイントを獲得したとしても、余剰分を翌月に繰り越すことはできない。具体的には、毎月30ポイントのノルマを超えて、ある月に45ポイントを獲得しても、翌月のノルマを15ポイントに減らしてもらえるわけではないのである（※数字についてはあくまでも仮のもの）。

そのため、ポイントに余裕がある者がポイントに余裕がない者に手柄を譲ってあげたり、ポイントのおすそ分けをするために事後処理の手伝いをあえて頼んであげたり、助け合いが行われるのは、警察では日常茶飯事だ。「情けは人のためならず」という言葉があるように、余裕があるときに恩を売っておけば、めぐりめぐって、自分のノルマ達成が危ないときに助けの手を差し伸べてもらえるのである。

ノルマが達成できない場合は……

ちなみに、ノルマを達成できない場合に何らかのペナルティがあるのだろうか。

「別に反省文を書かせるような罰則があるわけではないですよ。ただ、ノルマを達成しておかないと、翌月の超過勤務手当が少なくなってしまうんです。ノルマを達成できなければ、もらえる給料に影響が出るから、皆必死になってポイントを稼ごうとするんです。生活に直結するから、やっぱりノルマを不満に思う捜査員は多かったですね」（稲葉）

2 情報提供者「S（エス）」とは一体どんな人物か？

――ヤクザの親分もエスにできる!?

事件の捜査に必要な情報を、捜査員が情報提供者から手に入れるというシチュエーションは、これまで多くの刑事ドラマで描かれてきたが、現実でもこうした情報提供者の数と質が捜査の進捗を左右するという。

警察が事件の捜査で使用する情報は、捜査員が目撃者や関係者への聞き取りで得たものや、一般人から提供されるものなどがある。ただし、善良な一般市民のなかには警察マニアもいれば、警察嫌いの人間もいるため、必ずしもそうした情報収集がうまくいくわけではない。電話などで警察に寄せられる情報は、イタズラまがいの内容も多く、まさに玉石混交（ぎょくせきこんこう）だ。注目される事件の場合はその数がとくに増えることから、精査のためにかえって手間がかかることも珍しくない。

さらに問題なのが、麻薬・覚醒剤に代表される違法薬物や拳銃の密売のように、明らかに暴力団がらみの事件だ。これらは、一般市民からの情報収集はほぼ不可能になる。自分に火の粉が降りかかるのを恐れるため、だんまりを決め込んでしまう場合もあるが、ほとんどの組織犯罪は一般市民の目に触れないように秘密裏に実行される。実際、最近のヤクザは昔のように「いかにも」な風体の人間が減ってきているため、会社員だと思っていた彼氏が逮捕されたことで、初めて自分がヤクザの彼女になっていたことを知る女性もいるという。

そこで、現場の捜査員にとって大切になるのが、アンダーグラウンドの世界の情報提供者を確保することだ。**警察内部ではこうした情報提供者を「スパイ（SPY）」の頭文字にちなんで「S（エス）」と呼んでいる。**ただし、ドラマや小説などに登場する「極秘情報の売買で生計を立てている情報屋」という存在ではなく、暴力団の関係者や違法薬物の常習者または密売人など、いつ逮捕されてもおかしくない状況にある人物が、自らの身を守ったり、捜査の手が自分に及んでいないかを知るために、情報を提供するというパターンが多い。

エス獲得のコツは地道な営業？

エスを獲得するコツは、とにかく自分の顔と名前を売ること。たとえば、自腹を切って専用の名刺を作り、エスになりそうな人物にばらまいておくと、ポツポツと役に立ちそうな情報を持ってきてくれるようになるのだという。

しかし、アンダーグラウンドの世界の住人であれば、一般人よりも警察の人間に対する警戒心が強いと思えるが、どうやって彼らをエスに仕立て上げるのだろうか。

「一番手っ取り早いのが、軽犯罪を見逃して『お、こいつは信頼できる奴なのかも』と思わせること。保安課の銃器対策室にいた頃、仕事をしくじった若い衆がヤクザの親分にボコボコにされている現場に居合わせたことがあります。当然止めますが、なかなかやめようとしない。そこで『これ以上やったらパクるぞ!』と言ったんです。逆に言えば、この場では逮捕しないよって伝えたわけです。それで親分に『話がわかる奴だ』って信頼してもらえて。向こうは基本的に追われる立場の人間ですから、何かあったときに『どうしたらいいのか』と電話をくれるので、そこでうまいことつけ込むんです(笑)」(稲葉)

また、ヤクザ同士のいざこざを収めることで、エスと繋がることもあるそうだ。

「1984年頃、北海道に山口組や稲川会が進出してきて、地元のヤクザとドンパチが始まったんですよ。警察は当然逮捕に動きますが、こっちとしては解決さえできればそれでいい。一方、ヤクザは事件を小さく収めたいんですよ。だから、ヤクザに窓口を作らせて『1人でいいから道具を持って、何日までに出頭させろ』と伝

えれば、向こうも『あ、じゃあそれでお願いします』ってなっちゃうんです。死人が出たらまた別ですが、たいていは落とし所を示してあげれば解決するんですよ。組に自分のことを印象づけると、あとはエスにするのは簡単なんです。当時はだいぶ拳銃を出してもらいましたね」（稲葉）

相手がヤクザだろうが、重要なのはコミュニケーション能力なのだ。

誰がエスかは把握されている!?

警察は世間に対して「反社会的組織と繋がっていることはない」とアピールしているが、ここまででわかるように、むしろ積極的に活用している。「エス名簿」というものも存在し、どの捜査員がどんなエスを抱えているのかという情報がまとめられ、警察上層部に報告されているという。

また、捜査員にとってエスは「隠し玉」でもある。まれに薬物を担当する刑事のエスをしつつ、暴力担当の刑事のエスにもなるような人間もいるが、基本的にエスは１人の刑事と組んでいる。ある刑事にとっては有益な情報をもたらしてくれる重要なエスであっても、ほかの刑事から見たら単なる犯罪者でしかないわけで、当然ながらエスに捜査の手が及んでしまうことがある。

自分のエスは「捜査対象者」にして守る

そこで使われるのが、自分のエスをあえて捜査対象として「登録」するという方法である。

各都道府県警本部の薬物対策課に、エスを「覚醒剤の被疑者として、現在捜査中である」という旨の登録をしておけば、本部がその情報を調整し、万が一自分のエスにほかの刑事の手が伸びてきたときも、本部から**「その人物は、すでにほかの刑事が捜査中である」という連絡があり、それ以上エスに近づかれるのを防げるのだ。**

ただし、この手段は薬物犯罪の捜査に限り、ほかの犯罪に対する捜査は防げない。また、登録制度が有効なのは同じ都道府県警のみ。つまり北海道警の捜査員が抱えている覚醒剤常習者のエスが、京都を旅行中に事件や事故を起こして京都府警に逮捕されても、「うちの本部で登録している捜査対象者なので返してください」とは言えないのである。

このように、エスを確保しておくのは手間がかかるのだが、「毒をもって毒を制す」という言葉の通り、彼らから提供される情報のおかげで事件の捜査がスムーズに進むことは多い。

捜査に役立つ情報を提供してくれるエスだが、生活に余裕がある人間はほとんどいないそうだ。

昭和の頃は羽振りがよかった暴力団関係者も、不景気のうえ、警察の取り締まりが強化されたことで人数自体が減っている。とくに地方では上下関係が厳しいヤクザになりたがる若者が激減し、高齢化が加速して新しい儲け話を見つけられないケースも多いのだ。

また、違法薬物の常習者はクスリの値段が上がる一方なので、お金がいくらあっても足りない状態になっている。そういったエスの多くは、やがてにっちもさっちもいかなくなるのだとか。

3 外国人の「エス」が取り扱い注意な理由
——有能な〝出稼ぎ〟エスほど○○にシビア！

情報提供者（エス）は、日本人だけではなく外国人である場合も少なくない。それは、拳銃や違法薬物といった密売品のほとんどが海外から持ち込まれるから。さらに、日本製の自動車やトラクターなどは品質が高いため、盗品として海外に多数流出している。当然、その場合も外国人が関与していることが多い。

「1990年代半ばの小樽港は国際的な盗難車市場になっていて、海外に盗難車を売りさばく人間がたくさんいましたよ。そのなかにパキスタン人のグループがいて、その1人をエスにしたんです」（稲葉）

当時は地元の暴力団に加えて、旧ソ連の崩壊によってロシア人マフィアの動きが活発化しており、小樽での盗難車市場は派閥争いが激しかったという。そのため、海外の窃盗団のなかには刑事のエスになることで「刑事の後ろ盾がある」と相手に思わせ、取引を優位に進めようと考える者もいたのだ。もちろん、刑事が実際の取引現場に顔を出すことはなかったそうだ。

「金の切れ目が縁の切れ目」は世界共通

外国人でエスになるような人間は金を稼ぐために日本に来ていることから、謝礼の支払いについては日本人のエスよりもシビア。そのため、世話をしている刑事の側も、借金をしてでも謝礼を工面したり、金額が大きい場合は分割にしてもらったりして必ず支払い、信頼を裏切らないようにしていたという。母国を飛び出して日本で仕事をしているだけあって有能な人間が多いらしく、結果的にはコスパはよいといえる。ただし、〝有能な〟エスは複数の犯罪にかかわることが多く、刑事からマークされやすい。

「盗難の捜査をしているほかの署の刑事は、パキスタン人のエスを逮捕できない恨みがあったんでしょうね。『稲葉はエスと一緒に悪事を働いている』『捜査情報をエスに漏らしている』といった噂を警察内に何度も流されましたよ」（稲葉）

もちろん、こうしたエスをめぐる陰口の類に国籍は関係ない。そのため、上層部に報告しているエスだとしても、変な噂が立たないよう接触する場合は郊外の車の中でなど、できるだけ人の目に触れない場所で行うのが鉄則なのだという。

4 「ポイント獲得」の裏ワザ!? エスを利用した禁断の逮捕術

――稲葉氏が考案「ガサ状つき物件」とは?

拳銃や覚醒剤・大麻といった違法薬物などの所持や使用は、被疑者を逮捕した際にもらえるポイントが高い、刑事にとっては〝おいしい犯罪〟である。

職務質問で釣り上げられれば言うことなしだが、そう簡単にはいかない。クスリの常習者であれば、常習者特有のクセのようなものが言動に表れるが、売人の場合、自身で使用する人間は少ないため、あまり不審な点が表に出てこないのだ。

しかし、シャブの売人はなぜか口が軽い人間が多いらしく、優秀なエスを確保していれば、かなりの確率でエスに売人の情報が回ってくるのだという。また、客を片っ端から逮捕して、そこから「営利目的所持」として売人を引っ張るという方法もある。

エスの情報を得てから捜査に乗り出すわけだが、裏付けを行い、裁判所に逮捕令状を請求している間に動きを察知されてしまうと、被疑者に逃亡されたり、証拠を隠滅されたりするおそれがある。

拳銃や違法薬物の所持や使用で警察側が無駄足を踏まないための対抗策は、それこそ各自治体の警察本部、さらにそこに所属する現場の刑事ごとに異なってくる。

「自分が使っていたエスのなかには覚醒剤の常習者の女性もいたんですが、彼女にウィークリーマンションを借りてやって、その部屋のガサ状を常に取っておくんです。そうしておけば、彼女が拳銃や覚醒剤なんかを持っている奴が来たと連絡をくれた際に、すぐに家宅捜索できて被疑者を確保できるから、効率がいいんですよね。あるときは、彼女に自慢するために拳銃を持ってきた男もいましたね。男が寝ている間に『稲葉さん、拳銃持ってきてる奴がいるんだけど』とエスが電話をしてきたから、ガサ状を持って踏み込みました。そのままエスをガサに立ち会わせて、あくまでエスの家を捜索するついでとして男も調べます。当然、拳銃が出てくるので男だけ逮捕。エスは何食わぬ顔でウィークリーマンションにそのまま住み続けるわけです。すごい発明でしょ?」（稲葉）

いわば「ガサ状つき物件」というわけ。ガサ状を常備した物件とは、犯罪者側が予想だにしない大胆な逮捕術だ。

犯罪者にとっては気軽に訪れやすく、警察にとってはガサ状を請求するタイムロスなしで踏み込むことができる。家主が警察の味方だから証拠隠滅などのおそれもほとんどないと、一石二鳥どころか三鳥、四鳥も狙える、コロンブスの卵的発想だ。

エスをめぐる警察官同士の取り引き

貴重な情報を提供してくれるエスだが、彼らの多くは善良な一般市民とは言い難いヤクザや密売人、さらに違法薬物の常習者といったアンダーグラウンドな世界の住人である。そのため、エス自身が現行犯逮捕されることも珍しくはない。

そうなった場合、エスの世話をしている刑事がエスを捜査している側に話を通す必要が出てくる。エスであることを説明すると「そういうことなら」と手を引いてもらえることも多いが、悲しいかな、警察には目標とする検挙率が設定されており、ときにはノルマ達成のための見返りを要求されることもある。

この場合の見返りとは、自分が世話するエスの代わりに、逮捕される被疑者を準備するということだ。先に紹介した「ガサ状つき物件」に住んでいた女性のエスの場合も、覚醒剤の常習者であったため、彼女がエスであることを知らない他署の刑事によって逮捕寸前まで追い詰められたことがあったそうだ。

「突然、電話で泣きつかれてね。その場にいる警察官に電話を代わってもらって

『俺が使ってるエスなんだよ』と伝えたら『じゃあ、誰か代わりにシャブを持ってこさせろ』と言われちゃって。だからそのエスに、誰かにシャブを持って来させるため、電話をかけろと伝えたんですよ」（稲葉）

エスの懸命な努力（？）の結果、見事にシャブを持った男を呼び出すことに成功し、エスは逮捕を免れた。

「実はね、そのときに逮捕された男を、のちのちエスにしたのも私だったんですよ（笑）。『あのときに捕まったのはお前だったのか。ごめんな』って謝りました」（稲葉）

5 「密輸拳銃」はなぜロシア製が人気？

——密輸の温床はマグロ遠洋漁業の寄港地

1960～1990年代に製造・使用されていた「ニューナンブM60」を除き、日本の警察官は基本的に外国製の拳銃を携帯している。とくに有名なのが、制服警官が装備する主要拳銃である「スミス&ウェッソン（S&W）M360J SAKURA」。ちなみにニューナンブもS&Wも回転式拳銃、いわゆるリボルバーだ。これは構造がシンプルで故障が少ないというメリットがあるが、発砲すると薬莢(やっきょう)がシリンダーから排出されるため、火傷(やけど)することもあるという。

「マグロの腹の中」から密輸銃を発見！

当然ながら銃規制が厳しい我が国では、警察御用達の拳銃が民間に出回ることはまずない。そのため、「発砲事件」に使用される拳銃は、暴力団に代表される反社会的勢力が密輸したものとなる。

実は、こうした密輸拳銃にも流行というものがあるそうだ。

「昔は関東で、本物の拳銃から図面を起こした密造拳銃が流行ったんですよ。そのあとはフィリピンのCRS、ロシアのトカレフが来て、次に私が関与したと疑われているマカロフだったね」（稲葉）

また、漁港がある地域、とくにマグロ遠洋漁業の寄港地は密輸の温床だという。

「マグロって体が大きいでしょ。だから、冷凍マグロの腹の中に詰めちゃえば、一度に大量の銃が密輸できちゃうんだよね」（稲葉）

ちなみに、ヤクザにトカレフが人気だったのは、その構造に理由がある。

拳銃は手入れが面倒なのだが、1991年に崩壊したソビエト連邦（現在のロシア）が発明したトカレフは極寒のシベリアでも使いこなせるよう構造がシンプル（安全装置もついていない）で、分解して手入れしやすい便利さが受けたのだ。

確かに、第二次世界大戦で精密機械のような銃を携帯していたドイツ兵が、ソ連侵攻の際に極寒のあまり拳銃を十分にメンテナンスできず、ソ連兵が持つトカレフに敗北したという逸話は有名である。

もっとも、日本に密輸されるトカレフの多くは、同じ共産圏のよしみでソ連から技術提供を受けた中国で製造されたもので、粗悪品も多かった。前述の通り安全装置もないトカレフは純正品でも暴発しやすいため、粗悪品を掴んだ暴力団員を中心に、トカレフの人気は少しずつ薄れていくこととなる。

世界情勢が裏社会の流行にも影響

その流れに拍車をかけたのが、ソ連崩壊によるロシアの経済危機だ。外貨を獲得するために「売れるモノは何でも売る」ようになり、日本でもソ連軍で使われていた「マカロフ」の密輸が盛んになっていった。

マカロフは中国製トカレフに比べて小型のため携帯しやすく、安全装置があるので暴発の危険がないうえ、弾の貫通力が低いので住居が狭い日本で扱いやすい点が暴力団に受けたのである（弾の貫通力が高すぎると、脅しで家屋に弾痕を残すだけのつもりが、住人を殺傷してしまう危険も出てくる）。

その人気を裏付けるように、２００７年に東京の町田市で暴力団組員の男が同業者を射殺したあと、自宅の都営アパートに立てこもった事件では、マカロフが２丁押収されている。

なお、拳銃は回転するシリンダー（弾倉）に手動で弾丸を装填する回転式と、発射後に次弾が自動装填される自動式の二種類に大きく分けられるが、自動式は薬莢

が詰まりやすいため、万が一の場合に拳銃を使う暴力団組員が好むのは、圧倒的に回転式とのこと。

押収されている密輸拳銃の数から、依然としてマカロフ支持は根強いようだ。

ちなみに、過去にブラジル製の回転式拳銃「ロッシ」が日本に密輸されたことがある。その数はなんと800丁！　警察はおとり捜査で摘発する予定だったが、直前でなぜかストップがかかったため、その行方は今も不明である。

6 「キムタク」ドラマで話題！「警察学校」のヤバい実態

――「教官」は決して〝できる〟人間ではない!?

警察官に採用されると、すぐに現場ということはなく、まずは各都道府県の「警察学校」で一定期間学習することが義務づけられている。期間は大卒だと6カ月、短大卒、高卒だと10カ月となっている。「学校」といっても高校や大学と違い、あくまで警察内部の研修期間という位置づけなので、在校中も給与が支払われる。

在校中は全員が寮生活となり、原則として土日以外は外出禁止。休みの日でも、外泊する場合は許可を申請しなければならない。男女とも髪型は短髪厳守だ。

授業では教科書の並び順までしつこく指導され、警備実習では金属製の盾や鉄板入りのベストを身に着けた状態でひたすら坂道ダッシュを繰り返す。一流アスリートも裸足で逃げ出すハードトレーニングだ。これだけハードだと学生たちの反発もすごそうだが、意外と全員、しっかりルールを守るのだそう。

「一応ね、みんな自分が警察官だという自覚がありますから、あんまり馬鹿なこと

をしちゃいけないと、節度を持って行動していましたよ。みんな門限もきっちり守っていましたし。失敗するとしたらお酒。お酒を飲みすぎて騒いでしまったり、教官に食ってかかって〝グビ〟になってしまったりする人間もいましたね」（稲葉）

警察学校は修行僧のような生活かと思いきや、門限さえ守れていたらお酒を飲んでも問題ないのだそうだ。

警察学校の教官は問題あり!?

とはいえ、厳しさは学校によってかなり差があるらしく、ある年の各警察学校の退職率を比較したところ、最も低い大分県が1・1％だったのに対し、「日本一厳しい」と噂される兵庫県は実に25・1％に達したという。兵庫県の警察学校はほぼ毎年、二桁の退職率を叩き出しており、２０１５年には免職を言い渡された元学生から訴訟を起こされている。この元学生が毎日課題とされていた日誌によると、教官が「お前は絶対に卒業させん。辞職届を書け」と毎日のように退職を迫ったり、入院すると「給料泥棒」と罵られたりと、指導とは程遠い実態が日常茶飯事だったらしい。さらに、半年早く警察学校に入学した高卒の学生が「指導員」として配置され、半年後輩ながら大卒の元学生をいきなり平手打ちすることもあったという。

警察は何よりも規律を徹底する社会とはいえ、指導する側が未熟であれば、それは「指導」ではなく、ただの「パワハラ」となってしまう。

「近年、キムタク主演の警察学校のドラマが放送されましたが、すべてとは言わないまでも警察学校の教官なんて、現場で使いものにならない人が行くような場所なんですよ。北海道の場合だと、万引き癖のある警察官とか、女や金でトラブルを起こした警察官とか、無罪事件や誤認逮捕を出した警察幹部など、問題を抱えているけど辞めさせられない人たちが教官として送られるような場所なんですよ」（稲葉）

かつての独身寮はパワハラの巣窟だった!?

ともあれ、この地獄を乗り切って卒業すれば、晴れて署へ配属となるが、まだまだパワハラからは逃れられない。独身者は基本的にその署の独身寮に住むことになるのだ。複数人で一部屋を使う警察学校と比べて多少改善はされているものの、当然ながら寮には先輩がいる。

「今はさすがにないでしょうが、私の時代はパワハラが相当あったみたいですよ。夜中に先輩が突然『セミの声が聞きたい』と言い出して、後輩にそこらへんの柱にしがみつかせて『ミーン、ミーン』とセミのモノマネをやらせたりとか。独身寮の

場合、入寮してきたばかりの巡査部長を、古くからいる巡査がいじめるようなこともあったそうです」（稲葉）

独身寮は規律や共同生活を学ぶという名目上、細かい制約もたくさん存在しており、門限が深夜0時の寮もある。そこに入ると当然ながらお泊まりデートはできない。先に紹介した「警察官は結婚が早い」理由の1つには、もしかしたらこれらの寮生活による反動があるのかもしれない。

7 警察はなぜ「告訴」を嫌う？

――刑事に課される「書類作成」と「証拠の収集」

警察には刑事ドラマの主人公たちが所属する「刑事部」や、要人警護を行うＳＰ（セキュリティポリス）を擁する「警備部」など、体力と精神力が求められる部署が存在するが、最近の警察官志望者はサラリーマン化しているせいか、デスクワークを好む傾向がある。そうした人々に人気の部署が、警察内のさまざまな活動をサポートする「警務部」だ（地域によっては「総務部」としている場合もある）。

警務部はいくつかの課に分かれており、それらは民間企業における総務部、人事部、経理部などに該当する。なかでも一般人が見聞きすることが多い課が、広報課と会計課だろう。広報課は警察関連のイベントを取り仕切ったり、警察への取材の窓口になったりしている課だが、ほかには警察音楽隊を統率したり、最近では警察署の公式ＳＮＳの運営を任されたりしていることが多い。

一方、会計課は警察内の予算を管理し、物品の調達を任されており、広報課に比べるとあまり一般人と関係がない課のように思われがちだ。

しかし、交番に届けられた落とし物はその交番が所属する警察署に送られ、会計課が保管を担当することが多い。つまり、警察署に引き取りに行った落とし主が、知らず知らずのうちにお世話になっている課なのだ（このため、会計課は警察署の１階出入り口近くに配置されていることが多い）。

警務部は内勤のうえほぼ定時で業務が終了するため、昇任試験の勉強がしやすい環境だ。つまり出世しやすいことも、人気が集まる理由である。

刑事にとって厄介な書類作成業務

警察も結局のところお役所であるため、警務部以外の部署でも書類作成は必要になってくる。たとえば、事件の捜査で外回りが多い刑事の場合は、聞き込みの際に使った交通費や経費の精算、上司に提出する報告書や、逮捕した被疑者の供述調書など、多種多様な書類を規定通り作成しなければならない。

そもそも供述調書も１種類ではない。

刑事事件の場合、まず逮捕直後の被疑者に対し「お前は逮捕されたけど、何か弁解することはあるか？」と尋ね、「間違いありません」「詳しいことはあとで話します」などと弁解する機会を与え、かつ弁護士を呼ぶ機会を告知するための書類が「弁解録取書」で、本人に確認しながら被疑者のこれまでの経歴や現在の生活（居住地や交友関係なども含む）についてまとめたものが「身上調査書」である。

ちなみに、弁解録取書は容疑の認否にかかわらず作成しなければならないが、最終的に被疑者が内容を確認して署名・捺印しないと完成しない。

なお、取り調べを行うたびに供述調書は作成されるが、事件ごとに作成するため、抱えている事件の数が多ければ作成しなければならない書類の枚数も増える。つまり、こまめに書類作成の時間を取らないと、大変なことになってしまうのだ。

ところが、取り調べや捜査、さらに会議などで刑事はなかなか自分の机に座る暇がない。そのため、深夜まで残業して書類を完成させる刑事もいるほど、書類作成は地味に負担が大きい業務なのである。

つまり、昇進試験等の勉強時間を作るために、いかに書類作成を手早く片付けられるかが、警察官には求められているのだ。

「告訴状」は事件の捜索依頼

さらに現場の刑事の負担になるのが、犯罪被害者などが告訴を行う場合だ。 告訴の前段階となる被害届の提出は「このような犯罪の被害に遭っている」という申告にすぎないが、告訴は捜査機関である警察に対して「捜査をして犯罪の加害者を逮捕してください」という申請にあたる。

なお、告訴を行うことができる人間は法律によって規定されており、その規定から外れる人間が捜査機関に犯罪加害者の処罰を求める場合は「告発」といわれる。**告訴や告発を受理してしまうと、警察側は検察官に送付するための書類の作成や証拠の収集を行わなければならなくなる。つまり、多忙な刑事にとっては負担が増えるのだ。**

このため、警察は相談を受けてもできるだけ告訴させないようにする傾向がある。一昔前、民事不介入という建前で、配偶者からの暴力は「夫婦喧嘩」、親から子への虐待は「しつけ」、さらにストーカー被害は「痴情のもつれ」といった扱いで、被害届すらまともに受け付けてくれなかった。

その結果起きた最悪の事件が、1999年の桶川ストーカー殺人事件である。

警察への信頼を失わせた「桶川ストーカー事件」

桶川ストーカー事件は、元交際相手からの嫌がらせを受けた被害者が埼玉県警上尾署に相談に行き、名誉棄損の「告訴」を行ったものの、署員は虚偽の説明によって告訴状を取り下げさせようとするなど、捜査を面倒くさがりまともに取り合わなかった。その結果、被害者は殺害され、殺害を指示した元交際相手は逃走の末に自殺してしまうという結末を迎えた。

この事件が警察史上屈指の不祥事とされるのは、警察が告訴を受けた時点で迅速に捜査を開始していれば、被害者の死を防ぐことができた可能性が高いことだ。その自覚がある**上尾署側は非難を浴びるのを避けようと画策し、被害者に非があると思わせる情報を報道陣に提供した。そのため、被害者の名誉を棄損する内容の報道がなされ、被害者遺族や友人たちに追い打ちをかけたのである。**

この事件では、上尾署の署員が勝手に告訴状を取り下げ、その後告訴状を被害届に改竄したことも発覚しており、改竄に関係した3人の署員は懲戒免職されたうえ、虚偽有印公文書作成と行使の罪で起訴され、執行猶予がついたものの有罪判決を受けている。さらに、監督責任を問われ当時の県警本部長、県警刑事部長、上尾署長などの幹部を含む12人（懲戒免職された3人を除く）が減給などの懲戒処分を受けている。

当初は対応のひどさを反省している様子を見せていたが、遺族が埼玉県警を相手に国家賠償請求訴訟を起こすと、埼玉県警は被害者や遺族に対して批判的な言動を見せるようになり、世間の警察に対する信頼を失墜させ、不信感を植えつけたのである。

この事件が世論を動かし、２０００年5月に「ストーカー規制法」が整備されたことで、警察側もストーカー被害の相談に真面目に対応するようになってきている。

横領や詐欺の告訴は今も敬遠される傾向が

これまでまともに取り合ってくれなかったストーカー、家庭内暴力などの被害の相談については、警察側の態度も改善してきているが、横領や詐欺のように証拠の収集に手間がかかる事件の告訴は、今でも告訴状を受け取ってもらえないことが多いといわれる。

だからといって自分が受けている被害を大げさに申告して警察に告訴状を受け取らせてしまうと、捜査によって脚色がバレた場合に虚偽の申告をした罪に問われるリスクがあるので、告訴をする場合は正直な申告を根気強く続ける必要がある。

8 表彰で授与される「金一封」の中身

——最高位は警察庁長官から授与される「警察功勲章」

警察官が仕事の功績を公式に評価される場合、まずは所属している警察署の署長から「褒賞」が贈られ、功績が大きくなっていくにつれて、方面本部長、各都道府県警の本部長と授与する人間が偉くなっていくのである。

地方公務員である**ノンキャリアの警察官にとって最高の名誉とされるのが、都道府県警のトップである本部長から贈られる「本部長表彰（本部長賞）」である。**東京都の警視庁の場合はトップが警視総監と呼ばれているため、本部長表彰ではなく「警視総監表彰（警視総監賞）」となるが、内容に違いはない。ちなみに、警察官を表彰する場合は「内部表彰」、警察関係者以外で社会に貢献した人物や団体を表彰する場合は「外部表彰」という。

東京は人口が多く事件の発生件数も多いため、必然的に警視庁は内部表彰する数が多い。警視総監表彰は毎月200～300人ほどに授与されており、警視総監表彰を複数回授与される警察官も珍しくないのだそう。

内部表彰のわかりやすい例が「ＤＪポリス」だ。

２０１３年、サッカー日本代表がワールドカップ出場を決めた夜、浮かれたサポーターが渋谷の街にあふれた際に、雑踏警備に居合わせた機動隊員の巧みなマイクパフォーマンスによって、混乱が回避されたことがあった。マスコミに注目されて「ＤＪポリス」ともてはやされた機動隊員たちは、言葉の力で若者たちを落ち着かせ事故を未然に防いだ功績が認められ、警視総監表彰を受けたのである。

意外すぎる「金一封」の金額

なお、内部表彰は表彰の理由と、表彰対象が個人か部署かによって次の４つの種類に分かれている。

30年以上警察に在職し、成績優秀かつ大きな功労が認められる者に対して、退職する前に贈られる「警察功績章」。警察官として多大な功績を挙げた者に贈られる「賞詞」。同じく多大な功績を挙げた部署に贈られる「賞状」。功労があったと認められる人物または部署に贈られる「賞誉」。

これらの受賞者には感謝状、メダル、そして金一封が授与される。

この「金一封」、功績によってはさぞや高額をもらえるかと思いきや、**実際には300円から500円程度しかない**のだという。この金一封には明確な基準がなく、授与する人間のポケットマネーから出ているそうなので、高額を望むべくもないのである。

その代わりではないが、**「賞詞」を受けると定期昇給の時期が前倒しされることがある。実質的な昇給であり、内容にもよるが半年近く前倒しされることもある**そうで、こちらのほうが旨味としては大きい。

つまり、警視総監賞などで得られるのは、基本的に名誉のみ。「やりがい搾取」のような気がしなくもないが、褒賞、表彰をもらった回数が多ければ、昇任試験で合否を判断する際に有利な材料になるため、まったくの無駄でもないのである。

「警察勲功章」は主に殉職者が対象

全国の警察官のなかから、ほかの警察官の模範となるきわめて優れた功績を残した者に対しては、警察庁長官から表彰を受ける場合もある。地方公務員であるノンキャリアの警察官が、国家公務員である警察官僚の頂点に立つ警察庁長官から表彰されることからもわかるように、表彰者はめったに出ない。

警察庁長官の表彰には3種類あり、最高位のものが「警察勲功章」である。基本的に重大事件で殉職した警察官に授与されるもので、2007年に愛知県長久手で起きた立てこもり発砲事件で、殉職した県警の特殊部隊隊員に贈られたことで知られている。

その次に名誉とされるのが「警察功労章」で、これは生死に関係せず授与される。有名なのが、2004年のアテネオリンピックで金メダルを獲得した柔道の阿武教子選手（巡査部長）と、レスリングで銅メダルを受章した田南部力選手（巡査部長）だろう。

なお、警察組織には柔道の経験者と剣道の経験者が多く集まるため、柔道のオリンピック金メダリストが誕生したことに複雑な想いを抱く剣道関係者も多いそうだ。そのため、世界剣道選手権大会で優勝した神奈川県警の高鍋進警部補が、2012年に同じく「警察功労章」を授与されたときは、警察の剣道関係者は大喜びしたのだという。

ちなみに、警察功労章に次ぐ名誉である「警察功績章」は、警察庁長官や警察庁幹部が授与するものだが、これは警視総監や各道府県警の本部長が表彰するものと、ランクとしては同じになる。

9 警察最大のタブー「裏金」の実態！

――かつては「裏金専用の銀行通帳」も存在した

警察官同士で飲み食いする場合、その支払いに裏金が使われることがある。では、警察はどのようにして裏金を生み出しているのだろうか。

その1つが、捜査費を着服する方法である。

「北海道警の銃器対策課に所属していた頃の私は、ヤクザから簡単に〝クビなし拳銃〟を手に入れることができました。そして、拳銃の入手後に『拳銃捜査のため、何名でどこどこへ出張した』という架空のストーリーを作り上げちゃうわけです。当時は、拳銃1丁でだいたい100万円ぐらいの捜査費が出たらしいですが、拳銃はすでにあるので、捜査なんてする必要がないわけです」（稲葉）

つまり、確保済み、あるいは確実に確保できるブツを捜査する名目で、捜査にかかる経費を丸々ゲットできたというわけだ。「クビなし拳銃」とは、被疑者不明のまま拳銃を押収すること。被疑者を逮捕する必要がないため、裏金作りにはうってつけだったのだろう。さらに、署は押収の実績ができたことで、予算の申請を通しやすくなる。

「1995〜96年に東京でおとり捜査が打ち切られたとき、落ち込む私に、偉い人が『今年の予算の振り分けなんて、あのときのクビなし拳銃の捜査でほとんどまかなえたから、もっと胸張ってろ』と言ってきたこともありますね」（稲葉）

常態化していた偽の領収書作り

また、刑事ドラマにおける裏金作りの定番、偽の領収書で経費を計上する手法は、よく使われているそうだ。

「毎月、実在しない捜査の協力者にいつ、いくら支払ったかというデタラメな領収書を書かされるんですよ。今でもやっている署があるんじゃないですか」（稲葉）

逆に、領収書を残さない方法もあったという。

「人の名前と金額が書いてある小さな紙を渡されて、そこに『情報料として提供した。領収書の発行は本人が拒否した』と署名入りで書かされるんです。もちろん、相手の名前なんて聞いたこともありません。電話帳に掲載されている名前から適当に拝借するんです」（稲葉）

「捜査上、おおっぴらに公開できない情報がある」警察ならではの特殊性を利用して、使途不明金扱いを回避していたようだ。実際、エスへの謝礼は領収書がもらえないことが多いのだが、その仕組みを悪用したのである。

捜査員全員に渡された「裏金通帳」

ほかに驚きの方法としては、捜査員に銀行の通帳を作らせるというものがある。

「銃器対策課に配属された頃、次席から指示を受けて北海道銀行に口座を作ったら、そこに北海道警察本部から『出張旅費』という名目で、毎月十数万円の振込があるんです。そうしたら今度は、次席から金額が書かれたメモを渡されて『この額を下ろしてこい』と指示を受けるんです」（稲葉）

引き落とされた現金は、晴れて次席の裏金となる仕組みだ。それまで出張旅費は現金の手渡しだったため、書類を偽造して簡単に裏金にできていたが、１９９７年頃から振込が制度化されたことで、一度振り込ませてから回収する方法に切り替えたのである。

「通帳が証拠として残ってしまう、杜撰（ずさん）な方法ですよね。私は今でも当時の通帳を持っていますし、刑務所に服役していた頃、弁護士に裏金作りの証拠として提出し

たこともあります。さすがに今はやっていないでしょう」（稲葉）

いずれの方法も、裏金作りであることは明白だが、犯罪の片棒を担ぐことに捜査員たちは抵抗を感じないのだろうか。

「警察って、みんなと違うことができない社会なんですよ。ほかのみんなが右を向いているときに1人だけ左を向いたら『あいつはおかしい、変人だ』と責められてしまう世界なんです」（稲葉）

あえて捜査員全員を巻き込むことで、裏切れないシステムを成立させていたのだ。

「捜査で急にまとまった資金が必要になったとき、次席が金庫から数十万円を出してきたことがあったので、相当な額が裏金としてプールされていたはずです」（稲葉）

では、手に入れた裏金は何に使われているのだろうか。

「署に全額置いていった人もいましたが、ほとんどのお偉いさんは異動の際に貯めた金を全部持っていきましたね。以前、私がポルシェを買ったとき、ディーラーから警察幹部が奥さん名義でBMWを購入したという話を聞きました。私はシャブを売った金で買いましたけど（笑）、幹部がシャブや拳銃を売っていたわけもないですから、まあ間違いなく、裏金ですよね」（稲葉）

10 殉職で「二階級特進」の深い理由

——強警察官の遺族年金、公務災害などの実態！

ドラマや小説などの影響で、職務中に死亡（殉職）した警察官が二階級特進することはかなり知られているが、通常は1つずつ上がる階級を一気に2つ上がるこの措置は、警察だけのものではない。危険な公務に従事する消防士、自衛官、海上保安官などにも適用されることが多く、特殊な例としては、戦争の混乱が残るイラクで2003年に射殺された日本人外交官2名も二階級特進している。

この殉職者の二階級特進、実は法律で定められた制度ではなく、あくまでも「慣例」として定着しているにすぎない。

その理由は、二階級特進殉職者が公務に命を捧げたことを称える名誉的な側面と、遺族への手厚い補償のためという実利的な側面がある。死亡退職金や遺族年金は特進後の階級を基準として計上されるため、巡査部長よりも警部になっていたほうが金額も多いのだ。

なお、「特進」は昇任試験なしに階級が上がることを意味し、先に紹介した、2004年のアテネオリンピックの金メダリスト、柔道の阿武教子選手（巡査部長）と、レスリングで銅メダルを獲得した田南部力選手（巡査部長）は、その功績によって一階級「特進」して警部補となっている。

殉職の扱いは各都道府県警によって判断が微妙に異なるが、全国的にパワハラによる自殺は公務災害（民間企業における労災）の一種とみなされ、殉職扱いになることが多い。

公務災害はその原因がかなり過去のものであっても、因果関係が認められれば適用される。たとえば2014年に兵庫県警の元警察官が中皮腫で亡くなった際には、1995年の阪神・淡路大震災で救護活動時に、倒壊した古い建造物から飛び散ったアスベストを吸引したことが原因であることが認められた。

なお、殉職すれば必ず二階級「特進」するとは限らず、近年では、交通事故による殉職は一階級「特進」でとどまることが多い。

また、公務中の大怪我で後遺症が残り、たとえば刑事のように外回りが多い部署で活躍するのが難しくなった結果、内勤の部署に配置転換されたとしても、一階級特進などの特別措置はないという。

ちなみに、警察官が公務中に負った怪我を治療する場合、公務災害が認定されれば地方公務員災害補償基金から治療費が補償され、障害が残った場合も、障害の等級によって基金から障害補償を受けることができる。ただし、公務災害が認定されたら、の話だ。

「機動捜査隊にいた頃、覚醒剤の常習者を職務質問したとき、証拠隠滅のために注射器をいきなり食べ始めた人がいたんですよ。当時の注射器はガラスだから、バリバリバリ！　と砕けてもう大変。止めようと口の中に手を入れたけど、今度はこっちの手がガラスで傷だらけになっちゃって。『パクらないから、それ以上はやめろ！』と説得して、その場は収まったものの、見逃すと約束した手前、公務災害の申請もできず、傷口が化膿して手が腫れ上がるわ、治療費は自腹だわ、まさに踏んだり蹴ったりでしたよ」（稲葉）

命はお金で買えないが、お金で遺族は助かる！

なお、殉職した警察官のうち、その死が事件などで危害を与えられた結果の場合は、国から「殉職者特別賞恤金」が支給される（各都道府県が独自に支給する賞恤金も存在）。これは成田空港問題の1つ東峰十字路事件で神奈川県警の警察官3名が

過激派の襲撃を受けて殉職したことにより設けられた制度で、２０１１年に東日本大震災が発生した際、東北で多くの警察官が亡くなったり、行方不明になったりしたことから、現在では災害による殉職にも適用されるようになっている。

また、警察官は警察共済組合に加入していることが多いため、公務とは関係がない怪我や病気で働くことができず収入が減ってしまった場合は、組合から傷病手当金が支給される。家族の介護のために休職を余儀なくされた場合にも介護休業手当を支給してもらえる。非常災害で亡くなった場合は組合からも弔慰金が支払われるなど、警察官には手厚い保障が備わっている。

11 逮捕した犯人による警察官への〝お礼参り〟真相

――警察官は逮捕した人の〝その後〟は気にしない!?

警察に事件の相談に訪れる被害者のなかには、事件化することで加害者が逆恨みし、状況が悪化することを恐れる人もいる。そのため、最初から警察への相談を諦めてしまう被害者も少なくない。これらはストーカー事件や家庭内暴力（DV）の被害者に多く見られる。

では、加害者を逮捕する警察官は、逆恨みされることがあるのだろうか。

警察官を〝襲撃〟する事件は、そのほとんどが装備の拳銃を奪う目的のものだが、2003年に神奈川県横浜市で起きた交番襲撃事件や、2014年に北海道札幌市で起きた連続ボンベ爆発事件のように、警察への「逆恨み」が原因で起きた事件も存在する。ただし、そうした事件は非常にレアケースで、「過去に逮捕した犯人に刑事やその家族が殺傷される」という展開は、ドラマや小説などフィクションの世界の出来事だという。

「危害を加えられるようなことはなかったですよ。自分が逮捕した奴が、留置所に入れられた仲間の面会に警察署に来たときに、『よっ、元気か』って声をかけたら『よくそんなこと言えるな、この野郎!』ってすごまれたことはあるけど、その程度。刑務所から『あなたが逮捕した誰々が、明日出所します』なんて連絡が来るわけでもないし、ほとんどの場合、出所したことにさえ気づかない」(稲葉)

「出所情報」が通知されるのは被害者のみ

そもそも、多くの服役経験者は自由がない刑務所に戻りたくはないのだ。1994年に銃刀法違反容疑で逮捕され、翌年の裁判で懲役3年の実刑判決を受けて世間の注目を集めた漫画家・花輪和一は、出所後に発表した獄中記漫画『刑務所の中』が実写映画化されるほど大ヒットする〝恩恵〟を受けたが、やはり二度と刑務所には行きたくないと語っている。

ちなみに、1997年に東京都江東区で発生した逆恨み殺人事件の影響で、事件の被害者側に加害者の出所時期や居住地を連絡する「出所情報通知制度」が整備されたが、これはあくまでも一般人を対象にした制度で、過去に逮捕した人間が出所する時期を、当時の捜査関係者に通知する制度はないそうだ。

12 刑事の適正は留置場「看守係」の仕事ぶりでわかる!

——「ブタ箱」はクセがすごい人間の宝庫

被疑者の身柄を一時的に収容する施設、留置場。多くの警察官は警察学校卒業後、研修期間に留置場の看守係を経験するが、このときの働きぶりが、出世にかかわることもある。

「刑事は捜査でいろんな人間と会って話をするけど、当然、善人ばかりじゃない。顔を見るのも不愉快な人間の機嫌を取って、話を聞かなきゃならないこともある。留置場にはクセがある人間が入れられることが多いから、自分の感情を抑制して、そうした人間を上手にあしらえる対人能力が求められる。だから、留置場の看守係をそつなくこなせる警察官は、刑事の素質があると認められるんですよ」(稲葉)

留置場に入れられると朝、昼、晩と警察側で用意した食事が出されるため、軽犯罪を犯してわざと留置場に入れられようとする人もいるのだとか。

保護したくない人ナンバーワンは「泥酔者」

ちなみに、警察が泥酔者を保護したときも、留置場に入れられると思われがちだが、泥酔者の場合は「保護室」と呼ばれる、まったく別の施設が用意されている。区別のため留置場は「ブタ箱」、保護室は「トラ箱」という俗称で呼ばれている。泥酔者が暴れて人を怪我させたり物を壊したりしたらトラ箱からブタ箱行きとなるわけだが、実はこの泥酔者の扱いが、非常にデリケートなのだという。

「トラ箱に入れた泥酔者が、そのまま死んでしまうことがあるんですよ。飲酒後に脳内出血などで足元がおぼつかなくなったり、ろれつが回らなくなったりしているのに、それに気づかず、泥酔者と同じ扱いをしてしまったケースですね」（稲葉）

こうなると、担当した看守係はもちろん、署長まで責任問題となる。もちろん、警察学校では泥酔者と病人を見分けるポイントを授業で教えているが、知識はあっても実践となると難しい。そこで、所持品から住所や電話番号を確認して家族に迎えに来てもらったり、病院へ送ったりして、なるべく保護しない方針を打ち出している署長もいるのだとか。トラブル解決のプロフェッショナルが、一番トラブルを避けたがっているのだ。

13 警察は「柔道」「剣道」になぜ熱心なのか？

——警察学校の「師範」になれば影響力大！

警察の機動隊には、剣道や柔道をはじめ逮捕術や拳銃射撃、さらに白バイの運転などの技能を研鑽（けんさん）させる「術科特別訓練員制度」というものが存在し、特定の技能を専門的に鍛錬する警察官は「術科特別訓練員（特練員）」と呼ばれる。この特練員は警察庁が主催する大会に派遣され、毎年その技量を競っている。たとえば、全国白バイ安全運転競技大会の場合は全国の白バイやパトカーが集まるため、警察の広報イベントとして一般人の見学者も多く集まることで知られる。

なかでも、剣道と柔道は団体戦と個人戦に全国大会が分けられるなど、ほかの術科よりも活躍の場が多い。そして、選手や選手団が大会で優勝すれば、それは派遣した都道府県警本部にとっても名誉となる。

「だから、なかには大会に異常に気合を入れている署長もいました」（稲葉）

そのような側面もあってか、各地の警察では剣道や柔道の有段者を採用試験で優遇する「武道拝命」を実施しており、剣道や柔道の達人が多い。

剣道の場合は、大都市を管轄し豊富な人材を集めやすい警視庁、大阪府警、神奈川県警、福岡県警などに優勝が偏りがちだが、柔道の場合は体重により階級が細かく分かれていることもあり、優勝や準優勝の都道府県の顔ぶれはバラエティ豊かだ。

影響力が大きい「師範」になりたい！

しかし、現役選手として活躍できる期間は限られている。**そこで、剣道や柔道の「特練員」に選ばれた者たちのなかには、警察学校で教鞭を執る「師範」の座を目指す人も出てくる。**もし師範になれれば、教え子となった警察官たちに対してだけでなく、昇段試験の審査員など、警察の外の世界でも大きな影響力を持つことができるからだ。

ただし、剣道や柔道の師範になれるのは、ごくわずか。そして当然ながら、前任者が引退しなければ席が空かないため、師範になるには実力だけでなく運も必要となる。現師範にライバルのよからぬ噂を吹き込むこともあるのだとか。

14

「覆面パトカー」を見破るテクニック

――白黒パトカーに「クラウン」が多い意外な理由とは？

パトカーと聞いて誰もが頭に浮かべるのが、白黒のツートンカラーだろう。もともとは白一色だったが、実装当時はまだ舗装されていない道路が多く、車体が汚れやすかったため、汚れのつきやすいフロントやサイドの下半分を黒に塗装したのが始まりとされている。

正式名称は「無線警ら車」と呼ぶのだが、この白黒パトカーは「国費」で購入し各都道府県警に振り分けられるものと、各都道府県の「県費」で購入されているものに二分される。

国費で購入される白黒パトカーは、現在「トヨタ・クラウン」で統一されている。思わず癒着を疑いたくなるところだが、そこには意外な理由がある。

もともと、国費で初めて購入された白黒パトカーの「トヨタ・パトロール」は初代トヨタ・クラウンをベースにした仕様で、その後トヨタ・パトロールをパトカーの購入基準として設定したため、必然的にクラウンが選ばれやすいというわけ。しかも、基準の1つである4ドアセダンの国産車は減ってきており、ますますクラウンの一人勝ちになっているのが現状だ。とはいえ、他社が購入基準を満たす車種の開発に積極的でないことを考えると、白黒パトカーとして採用されることは、ビジネスとしてはあまり旨味がないのかもしれない。また、クラウンも現行のモデルはトランク容量が購入基準を満たしていないため、近いうちに購入基準が変更になる可能性も小さくない。

一方、県費で購入する場合は、購入基準が設けられていないため、車種もある程度選ぶことができる。２０２０年には栃木県警で１７４０万円のトヨタ・レクサスが導入され話題となったが、これは県民から寄贈されたもの。普段見慣れない車種のパトカーを見かけたら、それは県費で購入されたものと考えてまず間違いない。

外観と車種で見分けがついた昔の「覆面パトカー」

一目で警察だとわかるのが白黒パトカーなら、一見するだけでは警察だと気づかれないのが覆面パトカーだ。覆面パトカーには、スピード違反を取り締まる交通取り締まり用と、私服警官が利用する捜査用、さらに要人警護用に分けられ、公安のほか交通機動隊、高速道路交通警察隊も覆面パトカーを使用している。捜査用の覆面パトカーはメーカーも車種も多岐にわたるが、果たして外見から見分けることは可能なのだろうか。

「昔の覆面パトカーはすぐに見分けがついたんです。リヤにはラジオアンテナとは別のアンテナが不自然に伸びていましたし、フロントグリルには赤色灯のカバーがありましたからね。あとは車種。北海道警の場合、機動捜査隊は日産・ローレルばかりでした。当初はローレル＝覆面パトカーだったから、ヤクザの事務所前にローレルを止めていたら、タイヤのそばにクサビを撒かれていてパンクさせられそうになったこともありましたよ（笑）」（稲葉）

交通取り締まり用の場合、昔は捜査用の覆面パトカーと同じく、外観から見分けることができたが、最近では一般の車両とほぼ差がなくなってきているという。

覆面パトカーを見破るなら人を見ろ！

では、覆面パトカーを見分ける方法はもうないのかと思いきや、車体以外の目印があるという。それはズバリ、乗っている人だ。

「まあ、難しい顔をしている男性が2人乗っていたら、高い確率で覆面パトカーでし

あ〜アレは覆面パトカーだな
バレバレだぜ〜

ょうね。最近は女性警察官も増えてきたので、絶対ではありませんが（笑）」（稲葉）

　ちなみに、高速道路の左車線を制限速度ギリギリで走り続けている車は、スピード違反がいないか巡回している交通取り締まり用の覆面パトカーである確率が高いのだとか。

　いずれにせよ、覆面パトカーに追われるようなことをしなければいいわけだが、もしもスピード違反で追われた場合、県境を越えれば逃げ切れるのだろうか？　答えはノー。ある程度は県境を越えても捜査可能だし、仮に逃げ延びてもNシステムや車体カメラでバッチリ録画され、後日御用となるだけだ。

15 スカジャン、パーカー姿の「私服刑事」はいるのか？

——リアル「亀山薫」「伊吹藍」は実在する!?

交番で働く制服警察官とは異なり、**刑事部に所属する私服刑事はスーツと革靴の着用が基本的に義務づけられている。**これは、事件の捜査でどんな立場や性格の人間と面会するかわからないからだ。日本では身だしなみを整えるのは自分をよく見せるだけでなく、相手に対する敬意を示すためという考え方が染みついているため、聞き込み相手が「自分が軽んじられている！」と不機嫌にならないように、私服刑事はフォーマルな格好をするのだ。

その一方で、刑事の身分を伏せなければならない張り込みや尾行などを行う場合は、周囲に溶け込むようにカジュアルな服装にしたり、火災跡など汚れそうな現場に赴く場合は作業着を着用したりする。また、刑事の身分を明らかにした聞き込み捜査では、『相棒』に登場する亀山薫のようにスカジャンを着用したり、『ＭＩＵ４０４』の伊吹藍のようにパーカーを着用したりしている者はほぼゼロと言っていい。

あれはあくまでもドラマの脚色にすぎず、現実の私服刑事がそれをやってしまうと「ちょっとイタイ奴」とみなされるだろう。

消耗品のスーツは支給される

制服警察官に制服が支給されるのと同じく、私服刑事も仕事着であるスーツを支給してもらえるが、着回しても毎日着用していれば、すぐにくたびれてしまう。そのため、自腹を切って仕事用のスーツを追加で購入する者が少なくない。

刑事には体格がよい人間が多く、平均的な体格をベースに作られた既製品のスーツでは体にフィットしない人も珍しくなかった。そこで、昔は警察にメーカーの人間が訪れてスーツのセミオーダーを受注することもあったそうだ（予算削減のあおりを受け、現在は購入費用の一部支給という形が多くなっている）。

ちなみに、誘拐事件などで刑事が宅配便の変装をして、被害者宅に捜査に訪れることがあるが、この服はどうやって入手するのだろうか。

「実在の会社から制服を借りてしまうと、その会社が『警察に協力したな』とよからぬ輩に目をつけられる可能性がありますから、警察でそれっぽく見える服を用意するんです」（稲葉）

16 「警察犬」の奥深き世界

――「警備犬」は首輪の種類で行動を変える！

もともと備わっている優れた嗅覚を、特別な訓練によって磨き上げた警察犬は、事件現場に残された遺留品のニオイから犯人を特定したり、足跡をたどって行方不明者や迷子を捜したりと、捜査の手助けをするのが主な役目だ。

なお、都道府県警の施設で飼われ、「ハンドラー」と呼ばれる警察官のパートナーを務める警察犬は「直轄警察犬」、一般家庭や民間の訓練所で飼われている警察犬を「嘱託警察犬」と呼んでいる。直轄警察犬はドーベルマンなど、我慢強い性格で賢い大型7犬種から選ばれるが、嘱託警察犬は各都道府県警が開催している審査会に合格すれば犬種を問わない。そのため、茨城県警が小型犬のトイプードル「アンズ」を嘱託警察犬に任命した実績がある。

ただし、嘱託警察犬はいわば「民間犬」でもあるので、怪我をさせるわけにはいかないことから、危険が伴う現場に出動させることはないのだという。

海外へも派遣される「警備犬」

一般人がイメージする警察犬は、鑑識課に所属して捜査をサポートする「鑑識犬（捜査犬とも）」のことである。一方、威嚇によって暴れる相手の動きを封じたり、空港や国際会議が行われる会場周辺などをパトロールしたりする警察犬は、警備部に所属するため「警備犬」と呼び、仕事の内容も微妙に異なっている。

警備犬は災害救助犬としての側面も高く、警視庁の警備犬は国際緊急援助隊救助チームとして、過去何度も海外へ派遣されている。

警備犬には2種類の首輪が用意されていて、「鈴のついた首輪」を装着した場合は嗅覚を使って人を捜索、「革の首輪」を装着した場合は不審者にかみついて制圧と、装着する首輪によって警備犬は行動を切り替えるよう、訓練されている。

警察犬は10年ほどで引退するが、直轄警察犬は国の所有物という扱いのため、海外のように、現役時代にパートナーを組んでいたハンドラーに引き取られて余生を過ごすということができない。警察犬の訓練所や警察の施設で一生を終えることが多いのだが、まれに一般家庭に引き取られる場合もあるそうだ。

17 警察官の「年収」「退職金」「年金」

――生涯賃金3億円以上の天国

地方公務員である警察官の給与は法律によって規定されており、役職や所属する都道府県警によって、だいたいの給与、年収は明らかである。

警察官は、一般的に市役所や区役所、県庁で働く地方公務員よりも給料が高い。特に捜査や警備にかかわるセクションでは、仕事のリスクに対する手当てや残業代が多く、給与も高くなっているというわけだ。

さらに、退職金や年金も恵まれている。定年近くまで問題なく勤め上げれば、たとえ高卒で特に出世しなくても2000万円以上の退職金が支払われ、さらに再就職先も紹介してもらえる可能性が高い。幹部であれば、自分が断らないかぎり、確実に天下り先が用意されている。

こうした恵まれた条件をどう見るか。警察官は、一般の地方公務員や教職員とくらべ、給与面では様々なメリットがあるが、警察官だけが公務員のなかでとくに人気が高い職種であるとはいえない。

それだけの恵まれた待遇条件がなければ、よい人材が集まらない、定着しないということもいえる。

警察官という仕事は、合う、合わないがはっきりした仕事である。実際、警察官として働く前、警察学校の時点で離職する割合は、都道府県警によっては15パーセント以上となっている。タテ型の組織風土ゆえ、個性を発揮したい、あるいは創造性のある仕事、自分で職務の内容をつくっていきたいようなタイプは、警察官に向いていない。

平均年収は700万円超　年功序列で給与は上昇

総務省が発表している「平成29年地方公務員給与実態調査」を参考に、大卒で警視庁の警察官（日本の中ではもっとも給与水準が高いとされる）となり、警部補まで出世し定年退職した場合のおおまかな年収と給与を見てみる。ちなみに、警部補以上に出世する割合は警察組織全体の1割程度といわれている。

初任給から、民間の大手企業と遜色ない水準で始まり、月給に各種手当てや残業代がついて、35歳で700万円、40歳で年収は800万円近くになる。若い時には官舎に住めるので家賃はさほどかからず、早めにマイホームを購入。それも一軒家志向が強い。銀行も、警察官相手だと喜んで優遇金利でのローンを組んでくれる。「治安情報に精通しているため、不動産の購入エリアが重複することが多い」（警視庁職員）

警部、警視、警視正とさらに出世し、大規模警察署の署長ともなれば年収は大台の1000万円を超えるが、無欲で仕事をこなしていても、最後には900万円から1000万円の年収となっている。

退職金はフルに勤めた場合、約2400万円。県警によって定年退職日直前に形式的に1階級昇進させる慣習があり、これによって名誉や退職金、年金を割増で受け取ることができる。この場合、生涯賃金は3億円前後となる。

さらに警察官には「天下り」という特典もある。国家公務員であれば、基本的にはキャリア官僚とノンキャリのごく一部にしか用意されていない天下り。だが、利権の多い警察は幅広い天下り先を確保しており、地方の一般職員でも多くは交通安全協会や自動車教習所、防犯業者、各種地元企業に再就職することができる。いわば年金受給までの繋ぎ期間だ。

定年が近づいた警察官は、警務部人事課に再就職希望の連絡書を提出。警務部は、天下りを受け入れている企業や業者、公益団体からの連絡票をもとに天下りの配置を決定し、「老後の面倒」を見てくれる。実際は退職後の天下りまでが人事システムのなかに組み込まれているというわけだ。

ただし、近年は天下り先が先細っているほか、対外的な批判もあって一般警察官が必ず再就職先を紹介してもらえるとはかぎらないという。なお交通安全協会に天下った場合の年収は、平均で約２５０万円程度と言われている。

年金については、年金制度改革によって２０１５年以降共済年金と厚生年金が一元化され、それまでの警察官の年金受給額とは異なってくるようになった。

だが、少なくとも、通常の地方公務員とくらべ警察官の年金が恵まれていることは変わらない。

警部以下の警察官として20年以上勤務していた警察官は、「特定警察職員」として、通常の地方公務員よりも加算された年金を受給できる。

戦後、長い時間をかけて綿密に組み上げられた「警察官」の恵まれた人生のセーフティネットは、そう簡単には崩れない。

18

警察の隠蔽体質を象徴！〝シャブ中〟警察官「軟禁事件」

──稲葉氏が明かす道警時代のトンデモ不祥事

品行方正であることが求められる警察官だが、私生活で不祥事を起こしてしまう者は珍しくない。職場不倫のような民事系の不祥事の場合は、内輪で処理できることもあり、よほど悪質でない限り免職されることはないが、やはり刑事事件の当事者になると警察内での居場所はなくなってしまう。

よくある不祥事が、女性に対する痴漢や盗撮、さらに万引きなどで現行犯逮捕されるケースだ。このような場合は停職や減給処分を受けることが多いが、出世は望めなくなるうえ、「警察の信頼を失墜させた」と周囲から冷たい目で見られ続けるため、針のむしろに耐えきれず、処分決定と同日に依願退職することが多いようだ。

依願退職は退職金がもらえるため、「警察は身内に甘い」という批判が出てしまうが、そんな警察でも警察官が殺人などの凶悪事件を起こした場合は懲戒免職を即決する。

有名なのが、１９７８年に起きた制服警官女子大生殺人事件だろう。犯人の巡査は逮捕と同時に懲戒免職となり、監督責任を問われ、巡査が所属していた警視庁北沢署の署長だけでなく、警視庁のトップである警視総監までもが引責辞任する大醜聞となった。

シャブ中の警察官を「軟禁」

このように、警察官の犯罪は組織全体にとって致命傷となるのだ。そのため、いざ隠蔽しようとすると総力戦になるらしい。

「私が捕まる何年か前に、北海道警のとある警察官がシャブ中だったことが判明したんですよ。こっちはしっかり逮捕されたのに、その警察官はなぜか組織を挙げて逃しましたからね。対外的には所在を捜していることにして、実際には家に警察官を張り込ませて１週間ぐらい軟禁していたんです」（稲葉）

つまり、薬物検査されても問題が出ないよう体から薬物を抜いて確保したというわけだ。その警察官はお咎めなく依願退職し、しばらくして民間会社に天下りしたそうだ。

「やっていることは同じなのに、向こうは組織に守られて、こっちは逮捕されて。

『ああ、俺は嫌われていたんだなぁ』って痛感しましたよ」（稲葉）

意外と多い？　警察官の身内の犯罪

では、親や兄弟など、警察官自身の身内が罪を犯した場合はどうだろう。

「警察官は基本的にみんな真面目ですから、普段通りですよ。身内が逮捕されたらまず自分の上司に報告して、逮捕した警察署の担当警察官にも『普通に処理してください』って伝えます。でも、偉い人の息子がやらかしたときは見逃したみたいですよ」（稲葉）

やはり、大半の警察官は品行方正だが、一部のお偉いさんがそれを汚していると見て間違いないようだ。

第4章

警察組織の全貌
「警視庁」と「道府県警」編

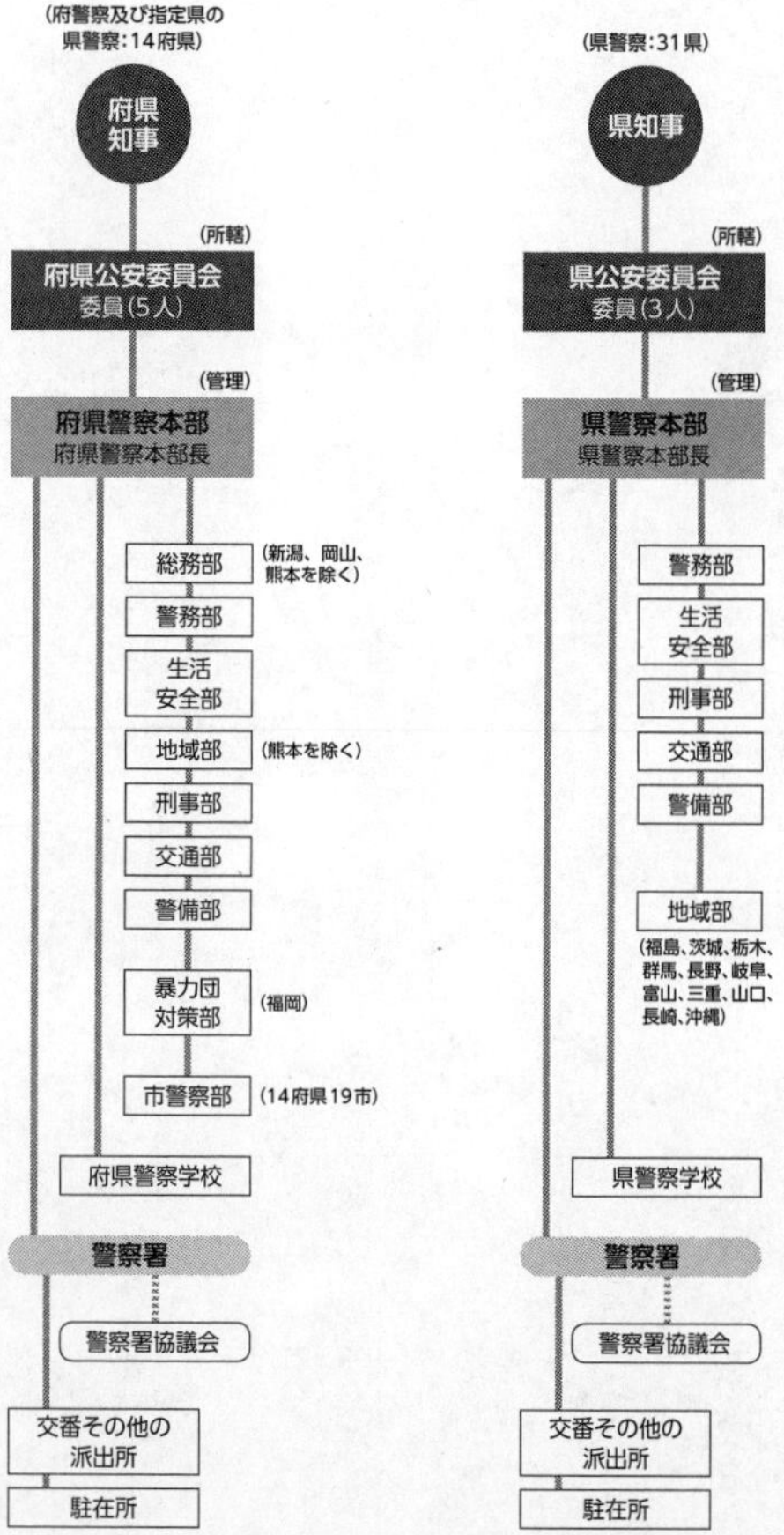
（府警察及び指定県の
県警察：14府県）
府県
知事
（所轄）
府県公安委員会
委員（5人）
（管理）
府県警察本部
府県警察本部長
総務部
（新潟、岡山、
熊本を除く）
警務部
生活
安全部
地域部
（熊本を除く）
刑事部
交通部
警備部
暴力団
対策部
（福岡）
市警察部
（14府県19市）
府県警察学校
警察署
警察署協議会
交番その他の
派出所
駐在所
（県警察：31県）
県知事
（所轄）
県公安委員会
委員（3人）
（管理）
県警察本部
県警察本部長
警務部
生活
安全部
刑事部
交通部
警備部
地域部
（福島、茨城、栃木、
群馬、長野、岐阜、
富山、三重、山口、
長崎、沖縄）
県警察学校
警察署
警察署協議会
交番その他の
派出所
駐在所

都道府県の警察組織図

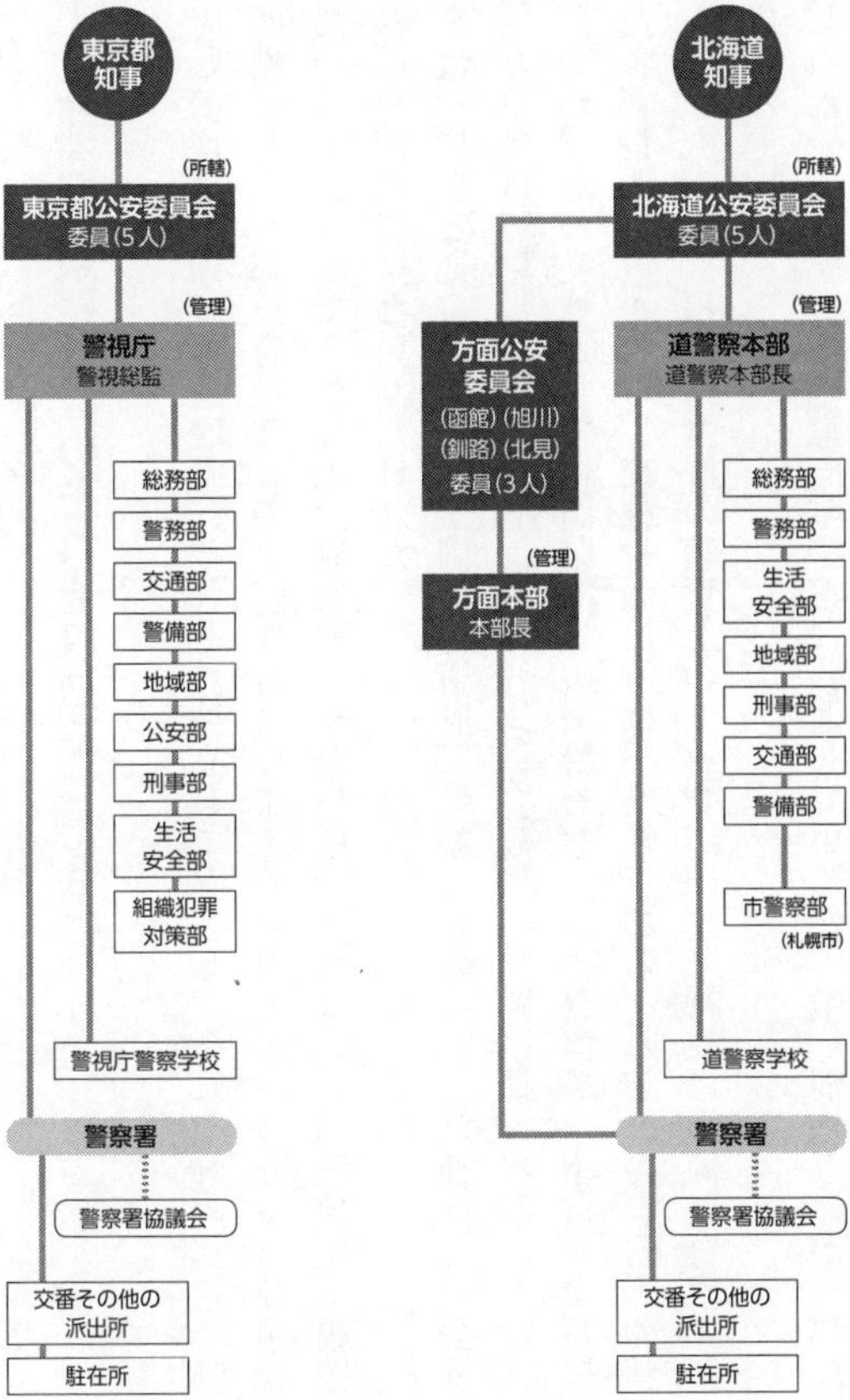
東京都
知事
(所轄)
東京都公安委員会
委員(5人)
(管理)
警視庁
警視総監
総務部
警務部
交通部
警備部
地域部
公安部
刑事部
生活
安全部
組織犯罪
対策部
警視庁警察学校
警察署
警察署協議会
交番その他の
派出所
駐在所
北海道
知事
(所轄)
北海道公安委員会
委員(5人)
(管理)
道警察本部
道警察本部長
方面公安
委員会
(函館)(旭川)
(釧路)(北見)
委員(3人)
(管理)
方面本部
本部長
総務部
警務部
生活
安全部
地域部
刑事部
交通部
警備部
市警察部
(札幌市)
道警察学校
警察署
警察署協議会
交番その他の
派出所
駐在所

1 「警視庁」と「各道府県警」の組織と関係

――都道府県警は47のそれぞれ独立した会社

都道府県警察は全国47都道府県にそれぞれ独立して存在し、それぞれの都道府県知事の所轄として、都道府県ごとの公安委員会による管理のもと、捜査や行政事務を行っている。大阪府であれば大阪府警察、神奈川県であれば神奈川県警察、福岡県であれば福岡県警察といった具合だ。

警察を会社にたとえるならば、全国の都道府県警察は47のそれぞれ独立した会社である。たとえば、「福岡県警察」という会社であれば、「福岡県警察本部」という本社が置かれ、その支社として福岡県内に中央警察署、博多警察署、小倉北警察署といった各警察署が置かれる。交番や派出所は、支社であるそれぞれの警察署の営業所のようなものだ。福岡県警察の職責上のトップ、つまり社長は福岡県警察本部長と呼ばれる。

こうした仕組みはすべての道府県警察に共通しているが、唯一別格なのが首都にして1400万を超える人口を擁し、世界的な大都市である東京都だ。東京都の警察は「東京都警察」ではなく「警視庁」と呼ばれ、そのトップも警察本部長ではなく、「警視総監」と呼ばれる。実際、警視庁は警察組織の規模も大きく、扱う事件の数も他の道府県にくらべて格段に多い。2023年6月時点で警視庁の職員数は約4万6000人（うち警察官は約4万3000人）。同じく国内有数の大都市・大阪を管轄する大阪府警察の職員数約2万3000人（うち警察官は約2万1000人）と比較しても、2万人以上の差だ。

都道府県警察と警察庁の関係はなかなかに複雑

警視庁および道府県警察本部には、警察法施行令によって、警務部、生活安全部、刑事部、交通部、警備部の5つの部署を必ず置くよう規定されている。それぞれの部署を構成する課や係の名称は都道府県によって異なる場合もあるが、この基本的な分類は全国共通だ。警察本部に置かれたこれら部署の分類に準じて、所轄の警察署には警務課、生活安全課、刑事課、交通課、警備課が置かれる。

また、このほかにも都道府県によっては地域の人口や犯罪の発生状況に応じて、特別に扱う事件に特化させた部署を設ける場合がある。交番や駐在所の運営や11

0番受付に特化した地域部や、暴力団犯罪をはじめとする組織犯罪や銃器、薬物に対処する警視庁の組織犯罪対策部、警備部の扱う仕事のうち公安部門を独立させた警視庁公安部などがこれにあたる。

ところで、都道府県警察と警察庁の関係はなかなかに複雑だ。先に挙げた会社のたとえでいえば、都道府県知事や都道府県公安委員会、あるいは国の組織である警察庁および国家公安委員会は、会社の経営方針を決定する取締役会や監査のような立ち位置と考えればよいだろう。よって、都道府県警察に対して最も強い影響力を持っているのが警察庁および国家公安委員会なのである。

基本的に都道府県警察はそれぞれ独立した存在だが、主要幹部の人事権は警察庁が握っており、広域にわたる事件については警察庁が指揮命令権を持つ。また、公安部門を担当する警視庁公安部や道府県警の警備部のように、警視庁および道府県警察本部ではなく、警察庁警備局が直接統括するセクションもある。これは、情報漏洩（ろうえい）を防ぐためであり、また、公安警察の予算が国庫から支払われているためだ。しかしながら、公安警察のなかでも最も規模が大きく、実力のある警視庁公安部に対しては、時として警察庁のコントロールがきかないこともあるという。

こうした指揮系統のあり方をはじめ、警察には「縦割り体制」と揶揄（やゆ）されるセク

都道府県警察は全国47都道府県にそれぞれ独立して存在する

ショナリズムの弊害がしばしば指摘されているが、犯罪によっては内部組織を横断した協力体制が必要となることはいうまでもない。２０１７年に警視庁が発足させた「特殊詐欺対策プロジェクト」では、刑事部、生活安全部、組織犯罪対策部、犯罪抑止対策本部の各部署を横断した約２９０人体制による専従チームが編成された。多様化、広域化する犯罪に対して警察の組織力・捜査力を遺憾なく発揮するためにも、こうした部署や管轄地域にとらわれない都道府県警察同士の密な連携は、今後いっそう進んでいくことになるだろう。

2 都道府県公安委員会

――警察行政が独善的に運営されないためのチェック機関

国に設置された国家公安委員会とは別に、都道府県ごとにも公安委員会が設置されている（ただし、面積が広域にわたる北海道は、北海道公安委員会の下に4つの方面公安委員会を置く）。都道府県公安委員会および方面公安委員会は、国家公安委員会が警察庁を管理するのと同様に、「警察に対する民主的統制」と「警察の政治的中立性の確保」を両立すべく、都道府県の警察を管理している。「公安委員会」という名前は一見するとものものしいが、むしろ警察行政が独善的に運営されないためのチェック機関なのである。

そのため、委員会を構成する公安委員は都道府県議会の同意を得て知事によって任命され、各都道府県の住民はその解職を請求することもできる（有権者の3分の1以上の署名をもって都道府県議会に付議することができ、議員の3分の2以上が出席し、その4分の3以上の多数による同意があれば解職）。

都道府県の公安委員会を構成しているのは東京都、北海道、京都府、大阪府と政令指定都市を含む12の県では5人。それ以外の県及び北海道の各方面では3人の非常勤の委員が存在する。任期は3年で2回まで再任できる。委員には広く都道府県民の良識を代表し、豊富な経験と高い見識から警察を管理できる者が望まれるとされ、各都道府県の公安委員の出自を調べると、国家公務員、地方公務員、会社役員、弁護士、病院院長、大学教授など、それぞれの都道府県で社会的な地位とキャリアのある人物が選任されるケースが多いようだ。

選任の条件は「任命前5年間に警察又は検察の仕事を行った公務員でないこと」など、警察組織から独立した機関になるよう配慮されている。また、政治的な立場が偏ることのないよう、一定数以上の委員が同一の政党に所属してはならない（都・道・府および政令指定都市を包括する指定県では3人以上、その他の県では2人以上）。委員の報酬は都道府県ごとに条例によって定められているが、たとえば東京都の場合、公安委員長は月額52万3０００円、公安委員は月額42万9０００円（２０２3年7月現在）と水準が高い。

警察法では各都道府県警察の職員の職務執行に苦情がある場合、都道府県公安委員会に対して苦情の申し出を行うことができると定められているが、これも公安委員会が都道府県の警察行政の運営をチェックするという趣旨のもと、2000年に警察改革の一環として新設された制度だ。申し出を受けた都道府県公安員会は苦情を誠実に処理し、原則としてその結果を文書で通知する。ただ、実際のところこの制度はあまり機能しておらず、警察本部の監察官室へ苦情を申し出るほうが有効との指摘もある。

風俗営業の許可から免許の交付まで行う

都道府県公安委員会は月に3、4回の定例会議を開催するほか、警察署協議会への参加、教育委員会などの関係機関との協議、警察活動の現場の視察などにより、管轄内の治安情勢と警察運営の把握に努めている。さらに、国家公安委員会や他の都道府県公安委員会同士でも交流を行い、連携や情報共有も進められている。たとえば、2017年には福岡県公安委員会委員が京都府を訪れ、京都府公安委員会委員と暴力団対策について意見交換を行った。福岡県も京都府も、共に暴力団の取り締まりを喫緊の課題としている。こうした共通の問題意識を持つ公安委員会同士が積極的に協力することで、現状の打開策が模索されているのである。

都道府県公安委員会のもう1つの大きな役割として、国民の生活にかかわる多くの行政事務の処理が挙げられる。古物商の許可、風俗営業の許可、交通規制、デモ行進の届出受理などを行うほか、特殊なものでは探偵業を始めるときに届け出るのも公安委員会だ。なかでも我々にもっとも身近なものといえば、運転免許証だろう。免許をよく見ると、そこには免許を交付した公安委員会の名前が入っているはずだ。免許の取得や更新のために警察署へ出向くのは、免許自体を交付するのは公安委員会だが、実際の業務を行っているのが各都道府県警察の交通部だからである。

近年は高齢ドライバーによる重大な交通事故が問題視されているが、その対策にも公安委員会がかかわっている。２０１４年６月の改正道交法施行で、医師が認知症などを診断した場合、任意で各都道府県公安委員会に通報できるようになった。そのうち約４割が免許の取り消しや停止などの処分になったと報じられている。ただし、届け出はあくまで任意であるため、現場の医師からは届け出の詳細な基準作りを求める声も多いという。

このように、警察行政の適切な運営を実現すると共に、我々の日常生活とも密接にかかわる公安委員会だが、高齢者ドライバー問題に限らず、災害対策、青少年の健全育成、暴力団排除、ストーカー対策など、取り組むべき課題は山積みとなっている。

3 配属希望者が殺到する人気の「警務部」
——一般企業でいう総務部、人事部、経理部、法務部

各都道府県警察本部に置かれた警務部は、総務、人事、会計といった、警察のさまざまな活動全般をバックアップする縁の下の力持ちであると同時に、警察の運営実務の中枢を担う存在だ。警視庁や政令指定都市を含む道府県の警察本部の一部のように、警務部とは別に独立して総務部を置くところもあるが、多くの場合、組織の整備や人事管理、職員の給与、福利厚生、各種教養や訓練、留置管理、訴訟関係、情報管理や予算の要求に至るまで、幅広い業務をこなしている。一般企業の総務部、人事部、経理部、法務部などをイメージすればよいだろう。さらには警察への意見や要望の受付、犯罪被害者への支援、広報活動なども行っている。

警務部は内勤部署なので、基本的に現場の第一線で捜査に従事するようなことはなく、直接市民の安全を守る機会もない。しかし、そんな警察らしい仕事とは縁遠いにもかかわらず、警察内部では配属希望者が殺到するほど警務部は人気があると

いう。それは、警察官の出世と大きく関係しているからだ。

警察官の出自は、国家公務員総合職試験（旧国家公務員Ⅰ種試験）に合格したキャリア、一般職試験（旧国家公務員Ⅱ種試験）に合格した準キャリア、そしてこれら以外の地方公務員採用者であるノンキャリアに大別できる。初任時において、キャリアの階級は警部補、準キャリアの階級は巡査部長からスタートする。一方、警察官の大多数を占めるノンキャリアの階級は、巡査からスタートする。ノンキャリアが警部補になるためには、その都度昇任試験に合格しなければならないが、日々のハードな勤務にあっては、なかなか試験勉強の時間を確保できないのが実情だ。そうしたなか、ほぼ定時で勤務が終了し、休日出勤も少ない警務部は、試験勉強をする環境として最適なのである。

また、警務部はその業務の性質上、迅速かつ的確な実務処理能力が要求されることから優秀な警察官が多く配属され、出世も早いとされる。とくに出世コースと言われているのが、人事を掌握している警務課だ。警察官の昇格や異動、ポスト任用に携わることから、自然と組織内の実力者とパイプができ、警察内部の事情通になっていくからだ。

不祥事を取り締まる警務部「監察官室」

警務部の大きな特徴は監察官室の存在だ。監察官は警察官の不祥事を取り締まり、警察官や職員が被疑者となっている事件の捜査も行う、いうなれば「警察の警察」である。警視庁担当記者であったジャーナリストの今井良氏による『警視庁監察係』(小学館、2017年)では、警察の不祥事を未然に防ぐべく、素行不良の警察官を徹底的に内偵調査し、処分していくという刑事ドラマ顔負けの監察官たちの姿が克明に記されている。場合によっては、不祥事を起こした警察官を自宅と極端に離れた警察署に異動させて、自主退職させるように追い込むこともあるのだという。

2022年の警察官や職員の懲戒処分者数は276人と前年から72人増えた。ちなみに、懲戒処分者数が増加するのは10年ぶりだという。なお、警察官の不祥事について記者会見で謝罪するのは、警務部長の役割である。警察本部において重要な業務を担う警務部のトップは、たいていの場合、警察本部長に次ぐナンバー2という位置付けだが、警察内部の不祥事が起こった時、矢面に立たされなければならないのは何ともつらいところである。

近年では、警務部の存在感も増しつつある。たとえば、2009年4月以降、不

警務部の監察官室は警察官の不祥事を取り締まる「警察の中の警察」といえる

適正な取り調べを防ぐため、警察庁、警視庁及び道府県警察本部の総務部または警務部に被疑者取り調べの監督業務を担当する課が設置されるようになった。こうした監督権限が与えられたということは警務部が捜査部門に対して発言権を強めたことを意味しているといえるだろう。警務部が活躍するフィールドは、もはや「縁の下」にとどまらないのである。

4 社会生活の安全を守る「生活安全部」
——部長職はノンキャリアの出世ポスト

我々の身近で発生し、暮らしに直接影響を及ぼす犯罪を取り締まるとともに、防犯活動や日常の様々な問題に関する相談の受付も行っているのが生活安全部だ。「生安（セイアン）」という略称を聞いたことのある人も多いだろう。

警視庁の例を挙げると、生活安全部は、防犯や安全対策全般を担う生活安全総務課、振り込め詐欺や悪徳商法、マネーロンダリングなどの悪質な金融犯罪を扱う生活経済課、銃刀法関係や悪質な不法投棄などを取り締まる生活環境課、風俗関係事犯や外国人労働者の不法就労などの雇用関係事犯を扱う保安課、少年犯罪を扱う少年育成課および少年事件課、不正アクセスなどのサイバー犯罪を扱うサイバー犯罪対策課、生活安全特別捜査隊から成り、生活安全部長は数少ないノンキャリアの部長ポストでもある。

生活安全部の仕事は一見すると、刑事部とどのような棲み分けがあるのかわかりにくいが、生活安全部が扱うのは主に刑法犯以外の犯罪である特別法犯。警視庁の場合、道路交通法違反は交通部、覚せい剤取締法違反については組織犯罪対策部の担当、といったようにより専門的な分野は他の部署の管轄になることもあるが、薬物の取り締まりもかつては生活安全部が担当していた経緯がある。

このほか、生活安全部は社会の安全と平穏を維持するべく、これを乱すような活動の取り締まりを行う。賭博や売春、風営法関係を扱うのはこうしたゆえんである。2019年7月には、京都の繁華街の路上で勧誘した女性を風俗店に紹介する悪質スカウトにより億単位の荒稼ぎをしていた巨大グループが、京都府警生活保安課と中京署によって摘発されたが、これは職業安定法違反（有害業務の紹介）の疑いによるものだった。

行方不明者の捜索まで手がける「何でも屋」

身近な人が行方不明になったとき、その捜索願（行方不明者届）を提出するのも各警察署の生活安全部だ。警察庁の統計によれば、2022年の行方不明者の届出受理数は8万4910人。年齢別に見ると20歳代が最多だが、近年は認知症による高齢の行方不明者も増加傾向にある。多くの場合は届出受理の当日～1週間以内に所在が確認されるが、毎年約1万人程度は見つからないままだ。

常々指摘されているとおり、明確な事件性の疑いがないかぎり行方不明者の捜索は優先順位が後ろになってしまいがちで、２０１７年に起きた座間市９人殺害事件では被害者全員の行方不明者届が提出されていたにもかかわらず、検挙に至ったのが別のきっかけからだったことは記憶に新しい。行方不明者捜索が後回しにされがちとなる状況を憂いた警視庁生活安全課の元刑事は、在職時、休日を返上して徹底的に捜索を行い、自分の担当した行方不明者を全員見つけ出したという。どのようにして探したのかと尋ねると、「残された手がかりをもとに行方不明者の気持ちになって、どこへ行くかを考える」という。

ところで、生活安全部が防犯対策も担当しているのは、「犯罪が起こってから対処するのではなく、発生を未然に防止する」ことによって社会生活の安全を守るという趣旨によるものだ。ちなみに、警視庁では生活安全総務課にストーカーやＤＶ、虐待を扱うストーカー対策室や、性犯罪の安全対策を行う子ども・女性安全対策室も付随する。１９９９年の桶川ストーカー殺人事件や、２０１６年に芸能活動を行っていた女子大生がファンを自称する男から繰り返しストーカー行為を受け、ライブハウスで刺傷された事件では、事前に被害者から相談を受けていたにもかかわら

生活安全部の取り扱う事件は現代日本の社会問題の縮図である

ず事件を未然に防げなかった警察の対応が問題視されたが、ストーカー被害の相談に対していかに適切に対応するかは、生活安全部の喫緊の課題だ。

ストーカー、行方不明者、ＤＶ、少年の非行、振り込め詐欺、サイバー犯罪……と、生活安全部の取り扱う事件は、ある意味で現代日本における社会問題の縮図と言っても過言ではない。ゆえに、日々巧妙化していく犯罪の手口にいかなる対策を打っていくかも生活安全部の課題だ。「生安」を「ナマヤス」と呼んで揶揄するきらいもあるというが、逆に生活安全部は他の部署の扱わない多様な事件を手がける何でも屋的な側面もあり、その存在意義はとても重要なのである。

5 警察の花形「刑事部」
――警察の中でも最も多忙な部署

警察の花形といえば、なんといっても刑法犯罪の捜査を行う刑事部だ。「刑事」といえば刑事部に所属する警察官のことであり、映画、ドラマ、小説などに登場する名刑事を挙げれば枚挙に暇（いとま）がない。「刑事」が「デカ」と呼ばれる所以（ゆえん）には諸説あるが、明治時代の私服刑事の高圧的な態度を揶揄して、彼らの着ていた「角袖（かくそで）」と呼ばれる和服をもじって「クソデカ」と呼んだといい、やがてこれが「デカ」に縮まったものとされている。つまり、「デカ」はもともと蔑称だったわけだが、いまでは時として刑事が自称として用いるほどに愛着が込められている。

刑事部はたいていの場合、殺人、強盗、放火などの強行犯や、誘拐、爆破といった特殊犯を担当する捜査第一課、贈収賄、振り込め詐欺、横領などの知能犯などを担当する捜査第二課、空き巣、ひったくり、スリ、万引きなどの盗犯を担当する捜査第三課、暴力団等の取り締まりを扱う捜査第四課、さらに現場での指紋や足跡の採取、写真撮影でおなじみの鑑識課や、覆面パトカーを駆使して重要事件の初動捜査にあたる機動捜査隊などによって構成され、それぞれの課の中でさらに細かく係が分かれる。また、捜査第四課については「組織犯罪対策部」として、暴力団のみならず銃器や違法薬物の使用・密売買、国際犯罪などを扱う部署が独立して存在したり（警視庁の組織犯罪対策部、福岡県警察本部の暴力団対策部）、刑事部の中に専務部門として置かれている警察もある。

警視庁の場合、刑事部長には警視監が就任し、捜査第一課長はノンキャリア、捜査第二課長はキャリア警察官が就くことが通例となっている。道府県警察の場合、本部刑事部長となるのは警視正または警視長である。こうしたポストに就くにはさぞかし捜査経験や実績が必要だろうと思いきや、意外に刑事経験がほとんどない警務部出身のエリートが就任するといった例も珍しくない。

よくフィクションの世界で描かれる警察と現実はどの程度乖離しているのか？　ということが議論されるが、『はぐれ刑事純情派』さながら、人情に訴えて犯人をオトすのがうまい「オトシの○○」と呼ばれた伝説の名刑事や、窃盗犯による開錠の手口を一見しただけでそれが外国人グループの犯行であることを見抜いてしまう経験豊富な刑事は実在する。近年では顔認証装置が犯罪の捜査や抑止に導入されつつあるともいわれるが、やはりプロの刑事の見当たり捜査（指名手配犯の顔の特徴を記憶して、駅や繁華街の通行人から似ている者を探し出す捜査方法）にはかなわない。刑事の世界は相当に個性的で、職人気質なところがあるらしい。そして、それが1人ひとりの刑事としての誇りに繋がっているのかもしれない。

過酷な肉体労働に加え緻密なデスクワークが必要

「花形」といわれる刑事部は、警察の中でも最も多忙な部署とされる。なにせ、一度事件が発生すれば、1秒でも早く犯人を検挙するために家に帰らず不眠不休で働かなければならない場合もある。夜間の事件に対応するための当直業務もあるし、当然、定時の帰宅や希望通りに休日をとることは難しい。加えて、現場での何時間にもわたる張り込みや聞き込み捜査は、とにかく忍耐を要する過酷な肉体労働だ。逮捕した被疑者を取り調べたあとは、調書や報告書といった様々な書類を作成する、緻密なデスクワークをこなす必要もある。現場でも、警察署内でも、刑事はとにかく地道な仕事をこなさなくてはならない。1人の刑事が颯爽と事件を解決して手柄を上げる、というわけにもいかない。事件の捜査は、捜査員1人ひとりが入手した手がかりを突き合わせて徐々に進展していく、チーム戦だ。しかし、それでもなお

京都アニメーション放火事件の捜査の様子

刑事部が「花形」と称されるのは、ひとえにそのやりがいゆえだろう。

近年では、団塊の世代の刑事たちが退職する一方で若い刑事が多数任用されるなど、警察では急速な世代交代が進んでいる。そのため、捜査経験が豊富な刑事が減少しており、捜査技能をどのように引き継いでいくかが1つの課題になっているという。DNA鑑定や防犯カメラ、指掌紋児童識別システムといった最先端の技術を用いた捜査を駆使しつつも、やはり人を介してしか伝えられない刑事の素養はある。昭和、平成の刑事たちの魂と捜査にかける執念が令和へどう受け継がれていくのか、我々も目が離せない。

6 道路交通に関わる様々な業務を担う「交通部」

——「世界一安全な交通社会の実現」が目標

都道府県警察において、交通事故の抑止と安全な交通社会の実現のために道路交通に関わる様々な業務に携わっているのが交通部だ。パトカーや白バイによる交通違反の指導取り締まりをはじめ、道路交通法違反や自動車運転死傷行為処罰法違反などの捜査、交通事故の処理と現場検証、事故データの分析、信号機や道路標識をはじめとする交通安全施設等の整備、暴走族対策、交通安全教育、運転免許証に関する事務などを行っている。

警察庁によれば、2022年の交通事故による死者数は2610人で、統計開始以来6年連続で最少を更新しているという。さらに、交通事故の発生件数や負傷者数も減少傾向にある。こうした背景に、自動車の安全性能の向上や迅速な病院への搬送・治療体制が整備されている要因はもちろんのこと、警察の交通部の活躍があることはまず間違いないだろう。

警視庁の場合、交通部は、交通安全教育や安全運転管理者講習などを通じて交通安全意識の浸透を図る交通総務課、各種交通規制や道路工事などにおける道路使用許可に関する事務を行う交通規制課、交通事故・事件の捜査を担当する交通捜査課、スピード違反・無免許・飲酒運転といった危険運転者を取り締まる交通執行課のほか、交通管制課、駐車対策課、運転免許本部、運転免許試験場、交通機動隊、高速道路交通警察隊から成る。

交通部といえば、まず想起するのが「白バイ」だが、白バイ隊員は主に都道府県警察本部交通部の交通機動隊や高速道路交通警察隊に所属している。彼らの日常業務は交通違反の指導や取り締まりだが、重大事件が発生したときには緊急配備が発令されることもあり、バイクならではの機動力を生かして被疑者の追跡などにも活躍する。そのため、白バイ隊員には高い運転技術が要求され、厳しい訓練と試験を突破しなければ白バイ乗務はかなわない。動画サイトYｏｕＴｕｂｅでは式典や競技大会での白バイの様々なライディングテクニックを見ることができるが、身体の一部のようにバイクを操る姿は神業の一言に尽きる。

死亡ひき逃げ事件の検挙率は約100パーセント

交通事故の処理や捜査においては、交通部ならではの特徴と創意工夫も際立つ。街中で交通事故があると、現場では通常の警察官の制服とは異なる、蛍光色などの目立つ色が入った制服を着た警察官が、事故の発生地点を白いチョークでマーキングしたり、距離を測っている光景を見かけることがあるかもしれない。この制服は交通事故捜査を担当する警察官専用の制服で、動きやすさを重視するとともに、道路上で活動する際に走行しているドライバーが視認しやすく、2次的な事故を防ぐために導入されたものだ。

ひき逃げ事故や複数の車両が絡んだ死亡事故などについては、交通鑑識班が活躍する。彼らは現場に残された破片や塗料から車種を特定したり、タイヤのブレーキ痕から速度を推定したり、車両の擦過痕や破損の状況からどのように事故が発生したかを解明するなど、様々な手がかりを組み合わせて事件や事故の全貌を明らかにしていく。近年では街中に設置された監視カメラや、解像度の低い画像からでも自動車のナンバーを識別できる方法を活用した捜査も行われており、2021年の死亡ひき逃げ事件の検挙率は98・9パーセントであったというから、その捜査力には

各都道府県警察の交通部は安全な道路交通の実現のために日夜業務に邁進している

驚かされるばかりだ。

我々が「自動車を利用する」という社会を選ぶ以上、その便利さと引き換えに、交通事故や様々なトラブルの発生は避けられない。さらに、ひき逃げ、当て逃げ、飲酒運転、あおり運転、危険ドラッグ吸引による事故、高齢ドライバーの事故……と、自動車にまつわる問題は尽きることがない。内閣府が定めた第10次ならびに第11次交通安全基本計画では「世界一安全な道路交通の実現」が標榜されているが、警察の交通部はこの目標を達成すべく、日夜業務に取り組んでいるのである。

7 警備部

──「公共の安全と秩序維持」を担う

警察法によって定められた警察の責務のうち「公共の安全と秩序維持」を担っているのが警備部だ。警備部は、災害対策、各種警備・警護、機動隊の運用などにあたるほか、主に日本共産党やその他の左翼団体、右翼団体、宗教団体、外国の情報機関などを対象とする公安事件の捜査や情報収集も行う。テロリストやスパイ、過激派など、国家体制を脅かすような組織の犯罪を取り締まる、いわゆる公安警察の一端も担っているのである。

俗に日本で「公安警察」というとき、そこに含まれるのは警視庁の公安部および警備部、道府県警察本部の警備部、所轄警察署の警備課であり、これらは警察庁警備局が統括する。道府県警察本部の警備部には、警備や災害対策などに従事する警備課、公安事件を扱う公安課、外国の諜報活動や国際テロリズムなどを捜査する外事課、機動隊が設置されている。警視庁だけは警備部とは別に独立して公安部が置かれ、公安課と外事課の仕事はこちらが担当する。

２０００年以降は世界各国でテロの発生件数や死者数が増加しており、「イスラム国」をはじめとする過激派への警戒は重要な課題だ。日本では、２０１４年に「イスラム国」に参加しようとシリアへの渡航を計画した北海道大学の大学生や、その手助けをしようとした関係者らが警視庁公安部によって、私戦予備・陰謀の疑いで捜索を受けたことが記憶に新しい。２０１９年７月にはこの一件の関係者５人が私戦予備容疑で書類送検されたが、公安部は起訴を求める厳重処分の意見をつけていたという。ただし、東京地検はその後、５人を不起訴処分とした。

初詣や花火大会、祭礼での事故防止のための警備も

よく取り沙汰されるのは、警察の警備部をはじめとする公安警察と法務省の外局である公安調査庁との違いだが、公安調査庁が対象としている諸団体のうち、公安警察と重複するものは多い。ただし、公安調査庁には警察のような捜査権も逮捕権もなく、あくまで目的は対象の監視と情報収集および分析である。２０１８年７月にオウム真理教事件の死刑確定者全員の死刑が執行された際には、オウム真理教の後継団体「アレフ」などの関連施設で団体規制法に基づく公安調査庁の立ち入り検

査が行われたが、夜間に都内のあるアレフの施設を訪れると、所轄警察署の警察官（所属は明かさなかったが、おそらく警備課の公安関係者）と、公安調査庁の人間が施設前でともに張り込みをしていた。完全に現場がバッティングしていたのだ。

彼らは信者らしき人が施設から出てくるたびに、「どこに行くんですか？」と声掛けを行っていた。どうしてどちらも密かに尾行をしないのか不思議に感じられたが、よくよく考えると、彼らの目的はアレフ関係者の監視ではなくて、オウム真理教幹部たちの死刑執行にともなってアレフに不審な動きがないかどうかを心配している近隣住民に対する、「警察や公安調査庁がきちんと見張っている」というアピールなのかもしれなかった。業務の内容上、あまりその詳細を公にすることのできない公安警察にとって、オウム真理教事件の死刑執行は、ある意味で自らの存在意義を示すチャンスでもあったのだ。

一方、警備部の仕事は公安のようなものばかりではない。身近なものでは初詣や花火大会、祭礼といった各種イベントにおける事故防止のための雑踏警備から、天皇や皇族の警衛、国内の要人や国賓・公賓の身辺警護を手がけるほか、地震や台風といった自然災害時、避難誘導や救助活動にも携わる。なお、警視庁の場合、公安事件を扱う公安部が独立して存在するので、警備部は警備や災害救助に特化してい

写真／産経新聞社

警視庁は警備部とは別に独立して公安部を設置している

る。2020年の東京五輪・パラリンピックの警備に際しても、警視庁警備部は重要な役割を果たした。

このように、警察の警備部は警備や警護、災害時の活躍といった表の顔と、公安のような裏の顔を2つ併せ持っているのである。

8 犯罪進化への対応に苦慮する「サイバー犯罪対策室」
——生活安全部に設置された新しい組織

現代では、詐欺、薬物売買、淫行・売買春、著作権法違反などの多くの犯罪がネットを経由して行われる。ネットが一切かかわっていないケースのほうが珍しく、警察庁の集計によると、2021年に全国の警察が摘発したサイバー犯罪は1万2000件以上で過去最多を更新した。

コンピューター関連犯罪を取り締まるサイバー警察の歴史は、1998年に警察庁が「ハイテク犯罪対策重点推進プログラム」の一環として「サイバーポリス体制」を構想したことに端を発する。構想に基づいて全国の警察本部の生活安全部に「サイバー犯罪対策室」が続々と設置されるに至った。

摘発の内訳は、児童買春・ポルノ禁止法違反が最多だが、今後被害件数が増加していくと予測されているのが「詐欺」と「不正アクセス」だ。

すでに詐欺は児童ポルノに次ぐ摘発数となっており、スマホの普及によって被害者の年齢層も幅広くなっている。会員制アダルトサイトなどの代金を不正請求する「ワンクリック詐欺」や、正規のサービスを装って個人情報やクレジットカード情報を入力させる「フィッシング詐欺」が横行し、被害は増加する一方だ。

また、フィッシング詐欺で集められた個人情報は闇のネット市場で売買され、それがさらなる詐欺や不正アクセスに悪用される。

また、２０１７年には暗号資産取引所「コインチェック」が不正アクセスを受け、約５８０億円相当の暗号資産が流出するという事件が起きた。その後も数十億円規模の流出事件が続出し、サイバー犯罪の被害規模がどんどん膨れ上がっている。

サイバー犯罪が急増する昨今、専門知識を武器にネット犯罪を捜査するサイバー犯罪捜査官の価値が高まっているが、ネットワーク技術やプログラミングの世界は日進月歩であり、犯罪者たちに歯が立たないことも少なくない。

実際、５８０億円の被害額を出した「コインチェック」の流出事件では犯人が通常のブラウザでは閲覧できない匿名性の高いネット空間「ダークウェブ」を駆使し、警察をあざ笑うかのように「資金洗浄」に成功。盗んだコインを相場よりも割安で交換・販売するサイトをダークウェブ上に立ち上げ、まんまと「完売」させてしまった。

日本のサイバー捜査は「IPアドレス」を重視

ネットの闇市場といわれるダークウェブでの犯罪に日本の警察は苦戦している。日本のサイバー捜査は、ネット上の住所ともいえる「IPアドレス」を重視する傾向が強く、サイトのログ情報から割り出したIPアドレスを犯人特定の決め手にしていた。しかし、IPアドレスはプロキシサーバーを通すことで簡単に偽装でき、前述の「ダークウェブ」でも技術が使われている匿名化ソフト「Tor（トーア）」を利用すれば発信元の特定は極めて困難になる。にもかかわらず、日本のサイバー警察は長年にわたってIPアドレスに固執し、2012年には「Tor」が悪用されたパソコン遠隔操作ウイルス事件で、複数の無関係な人たちを誤認逮捕する失態を犯してしまった。

「パソコン遠隔操作事件の失態を教訓に『IPアドレス主義』から抜け出そうと、日本のサイバーポリスたちは民間とも協力して技術・知識の向上に努めています。ですが、なかなか古い感覚から抜け出せず、いまだにIPアドレスを重視して『身柄を確保してから取り調べで自供させればいい』といった考え方を持っている警察官も少なからず存在します。従来の犯罪とは違った捜査感覚が必要だと認識し、こ

の体質を変えていかないといけません」（サイバー警察関係者）

前述したように、サイバー犯罪の摘発数が年々増加するなど警察の努力の成果はしっかり出ている。

その一方、2019年3月に繰り返しポップアップが表示されるサイトのアドレスをネット掲示板に貼り付けたとして「不正指令電磁的記録供用未遂の疑い」で男性2人が書類送検され、同様の疑いで女子中学生が補導される事件が起きたことが物議を醸した。件のサイトは「何回閉じても無駄ですよ〜」といった文字が表示されるだけで、ブラウザを閉じてしまえば終了する程度のものでしかなく、ネット上では「実害のないイタズラに書類送検は行きすぎだ」と批判が殺到。エンジニアたちからも「これで摘発されたら怖くて何もできなくなる」と、日本の国益を左右する大事な成長分野であるプログラミング業界の萎縮を心配する声が上がった。

警察官は「法の執行者」であるが、デジタル世界はすさまじいスピードで進歩しているため、せっかく真面目に職務に励んでいても、適用される法律が時代とそぐわなくなってくればゆがみが生じる。捜査手法のみならず、基盤となる法律をどのように整備していくのかといった問題も含め、サイバーポリスの注目度は今後さらに高まっていくだろう。

9 各種システムや捜査データを扱う「情報管理課」

――デジタル化された現代警察の「心臓部」

情報管理課は基本的に各警察本部の総務部に属し、警察内部の各種システムや捜査情報などを取り扱う機密性の高い部署だ。現在は警察でもデジタル化が進み、あらゆる書類作成や通信、照会業務などに独自の情報管理システムが使われている。そのシステムの開発・運用をはじめ、高性能コンピューターやネットワークの管理、捜査において大切な照会業務を行っているのだ。決して表舞台に立つことはないが、デジタル社会において警察の縁の下の力持ちとなっている部署である。

「コンピューター系の専門的な知識や技術が必要となる部署のため、他部署にくらべて職員の年齢層や階級が幅広く、年功序列の雰囲気があまりないのが特徴です。とくにシステム構築を担当する開発係は、警察というより腕利きのプログラミング集団という感じですね」（総務部関係者）

開発係では、プログラミング言語を駆使して警察業務を効率化するためのシステムを新規開発したり、法改正のたびに必要になるシステム改修などを担当。近年は紙媒体で記録していた情報を電子化するシステムの開発が急務となっており、警察業務は幅広い分野に及ぶためシステム自体の数も多く、その開発・改修は重要度が高く激務となっている。

昨今は大企業や官公庁のシステムがサイバー攻撃を受けたり、乗っ取られたりといった被害が相次いでいる。もし、そういった犯罪を取り締まる側であるはずの警察がサイバー攻撃を受ければ社会に不安を与え、場合によっては取り返しのつかない機密情報の漏洩にも繋がってしまう。ゆえに、システムの開発や運用だけでなく、サイバー攻撃を想定したセキュリティ対策も重要な仕事だ。

また、近年は海外からの観光客や在日外国人が急増し、警察官も道案内や職務質問などの場面で外国語によるコミュニケーションが必要になってきている。今はスマホに話しかけるだけで翻訳してくれる便利なソフトがあるが、ネット上のソフト・アプリは情報漏洩の危険があり、これを警察官が公式に使うのは難しい。そのため、情報管理課が独自の翻訳ソフトを開発し、警察官に配備される携帯端末に搭載しているのだ。なかなか知ることができない、情報管理課の見えざる苦労・功績の１つといえるだろう。

第一線の警察官からのデータ照会に即時に回答

警察官に配備される携帯端末はスマートフォンタイプが主流で、一斉メールによる手配や盗難車両の照会、事件発生現場の地図表示、動画撮影などが可能になっており、捜査現場で重宝されているが、これも情報管理課のシステム開発の努力あってこそだ。警察本部によってはスマホだけでなく「スマートウォッチ」が導入されているところもあり、スマートウォッチ向けに新たにソフトが開発され、様々な場面での活躍が期待されている。

情報管理課には「照会センター」が置かれ、こちらも警察の捜査になくてはならない存在となっている。警察庁で犯罪歴などの全国の捜査関連の膨大な情報データベースが一元管理されており、現場の警察官からの要請に応じて、人物の情報確認を行うのが照会センターの主な業務だ。よく職務質問で警察官が無線連絡で前科・前歴などを確認している場面があるが、その確認業務を実際に担当しているのが照会センターである。問い合わせると警察庁のデータベースからオンラインで回答があり、これを現場の警察官に伝えることで照会業務が遂行される。

前科・前歴だけでなく、盗難車両や行方不明者、運転免許証などに関する情報も

情報管理課はデジタル社会における警察の縁の下の力持ちである

データベースにて管理されており、それらの情報を連携させることで第一線の警察官からの照会に即時に回答することが可能になっている。

逆に逮捕者の情報などを警察庁のデータベースに発信する役目もあり、もし送信した情報が間違っていれば業務的にも人権的にも大変なことになってしまうため、万が一にもミスが許されない責任の大きな仕事といえる。

「情報管理課」はこれだけ業務が多岐にわたり、重要性も高まっているため、目立たない印象の部署でありながら膨大な予算が用意されている。ある意味、中枢から末端に至るまでデジタル化された現代警察の「心臓部」ともいえる部署だ。

10 捜査一課長

——警察官なら一度は憧れる役職

2012年に放送が開始し、あまりの人気によって現在までシリーズ化している『警視庁・捜査一課長』（テレビ朝日系）。このドラマの主演である「捜査一課長」は、警察官なら一度は憧れる役職だという。

捜査一課長とはその名の通り、警視庁や道府県警察本部などの刑事部に設置される捜査一課の課長のことを指す。警視庁4万人の現場警察官の頂点で、捜査に関する全権力を掌握する最高の現場指揮官だ。ノンキャリアで各都道府県警察に地方公務員として採用された警察官にとって、最高峰のポジションに位置し、階級は上から4番目の警視正だ。

捜査一課は殺人、強盗、暴行、傷害、誘拐、立てこもり、性犯罪、放火などの強行犯と言われる凶悪犯罪の捜査を扱う部署。一課では1つの係が10人程度の捜査員を抱えていて、捜査の指揮を執るのは係長だ。あまり知られていないが、どの課の担当でもない特殊な事件も一課が取り扱うことになっている。ちなみに鑑識に交じって遺体を調査する捜査一課の刑事の姿は、警察ドラマでおなじみのシーンだが、実際の殺人事件で犯人がわかっていない現場に捜査一課が中に入ることはまずないという。というのも、少し周りを歩いただけで髪の毛やすね毛が落ちる可能性があり、現場が混乱するという理由からだ。警察ドラマで描かれることは、話半分に思ったほうがいい。

東京都内には102の所轄があるが、それぞれの所轄だけでは手に負えない重大事件が発生した時に、中心となって事件の捜査を担当するのもこの部署だ。たとえば、三億円事件やオウム真理教による地下鉄サリン事件、世田谷一家殺人事件など、世間を震撼させた大事件の捜査にあたっている。ほかにも一課の守備範囲がとてつもなく広い例として、2005年のJR福知山線脱線事故、2014年のJR川崎駅脱線事故などの鉄道脱線事故が挙げられる。このように「人の生命や身体を脅かす犯罪」をカバーする捜査一課は、小説やテレビドラマ、映画では実力派揃いの花形部署として描かれることが多い。

一課の捜査員は全員「S1S mpd」(Search 1 Search 1 Select Metropolitan Police Department＝警視庁捜査第一課)と金文字の入った赤い丸バッジを背広の

襟に付けている。このバッジは一課の捜査員だけに与えられるものだ。このバッジをつけている警察官を見かけると、現場は普段よりも緊張感が走るのだとか。

「二課は筋読みできない」「一課の取り調べは甘い」

よく世間からは花形だといわれる捜査第一課だが、実際は二課や三課も自分たちのことを花形だと思っている節があるという。二課は、贈収賄、選挙違反、通貨偽造、詐欺、横領、背任、脱税、政治資金規正法違反などの知能犯罪を扱う部署。振り込め詐欺などの特殊詐欺も二課の担当だ。三課は、空き巣、ひったくり、スリ、万引きなどの窃盗事件を扱う部署だ。盗犯は知能犯と違い、いつも同じような手口で行われる可能性が高く、家宅侵入や窃盗の手口を捜査する「手口係」といった部署があるのも特徴。ちなみに四課は、広域指定暴力団や外国人犯罪などの取り締まりを扱う部署で、通称「マル暴」と呼ばれている。ただし、警視庁は「組織犯罪対策部」、福岡県警は「暴力団対策部」として他の部同様独立させているため、四課は存在しない。

凶悪犯と渡り合う一課と知能犯とやり合う二課では、それぞれ得意とする捜査手法も異なるうえ、それを誇りにしているため、ライバル関係にある。一課の人間は

写真：産経新聞社

2016年、未解決事件の情報提供を呼びかけた警視庁の高田浩捜査一課長（当時）

「二課は筋読みできない」といい、二課の人間は「一課の取り調べは甘い」と考えている傾向にあるという。というのも、一課の場合、事件が起きてから動くため、事件の背景や被疑者がどんな人間なのか、いわゆる〝筋読み〟ができないといけない。そのため、この〝筋読み〟が一課の優れた能力なのだ。

一方、二課の場合、膨大な資料集めに始まり、その調査をもとにして被疑者を追い詰めていく厳しい取り調べに絶対的な自信を持っているのだ。

11 刑事部の仕事を総解説！「二課」「三課」「旧四課（現組織犯罪対策部など）」

――エリート「二課」とマル暴「四課」

各都道府県警察の刑事部は「捜査一課」から「捜査四課」まで、4つの部署から成り立っている。

刑事ドラマや小説の舞台となることの多い「捜査一課」（殺人事件や強盗事件を担当）のほかにも、重要かつ特徴のある部署が3つあり、刑事たちはそれぞれ一課に負けぬプライドを持って職務にあたっている。

捜査二課はいわゆる知能犯を扱う部署で、具体的には贈収賄罪や詐欺、横領、背任、脱税といった事件を扱う。世間で話題になることの多い「振り込め詐欺」も二課の担当だ。

いまでも、古い世代の刑事は「サンズイこそ二課の花」と言う。サンズイとは汚職の「汚」の字から来る隠語で、贈収賄事件のことを指す。経済事件が多いことから、「二課は一課より知能指数が高い」「俺たちのライバルは特捜検察」と思っている刑事も多いと言われ、ある意味で「エリート集団」と目されてきたのは事実である。

捜査一課長がノンキャリ叩き上げのポストであるのに対し、二課長は警察庁のキャリア官僚が配置され、歴代の警視総監も、都道府県警の「二課長経験者」が多いことは事実である。

「ドロ刑」三課の悲哀と暴力団を担当する旧四課（現組織犯罪対策部など）

捜査三課は盗犯、つまり広く窃盗を担当する。空き巣や万引き、引ったくりまで件数が多いため、やや地味だが重要な仕事である。

ただし、窃盗にともない被害者がケガをしたりすると案件は「強盗」つまり一課の担当になってしまうため、やりがいや醍醐味がない部署として見られがちだが、全刑法犯の４分の３は窃盗事件であり、エース級の人材が投入されていることからもわかるよう、決して軽視されているわけではない。

２０１８年には、捜査三課を舞台としたドラマ『ドロ刑』（日本テレビ系、泥棒役に遠藤憲一）が放送されたが、血なまぐさい犯罪がないため、どうしてもコミカルな印象が強くなってしまう。刑事が「人を殺した犯人を何としてでも検挙する」といった正義感や情熱を爆発させるシーンはないものの、闇バイトなど巧妙化する犯罪に対応する三課は、犯罪捜査における「縁の下の力持ち」である。

捜査旧四課（現組織犯罪対策部など）は暴力団専門で、腕に自信のある刑事たちには人気のある部署だ。柔剣道の猛者（もさ）が多いのも特徴で、制服を着ていなければどちらが暴力団かわからない風貌の刑事も多い。

なお、警視庁と福岡県警は、それぞれ「組織犯罪対策部」（組対）と「暴力団対策部」が存在するため、刑事部に「四課」はない。また、その他の都道府県警においても、刑事部の内部に組織犯罪対策局などの部署がつくられているケースが増えている。なお、組織犯罪対策部は、暴力団の組織犯罪対策以外に、銃器や違法薬物の取り締まり、外国人犯罪対策、国際捜査共助などを行っている。

地域によって、暴力団対策の重点が大きく違うのが特徴で、都市部や指定暴力団の本拠地がある都道府県の「四課」「組対」は、やはり大所帯である。

四課の「マル暴刑事」は、もともと任侠の世界が好きとしか思えないタイプが多く、学者肌、サラリーマン風の刑事は少ない。

一見、アナログ風な世界を想像するが、組対あるいは四課の本質は「情報戦」であり、いかに捜査対象に関する情報を得るかという部分が勝負どころになる。

暴力団を担当する旧四課の伝統は組織犯罪対策部（課）などに引き継がれている

このため、相手の懐に入り込みすぎて逆に利用され、あるいは同化してしまうというケースが過去に多々あった。やりがいのある一方で、様々なリスクの大きい部署であると言えるだろう。

12 科学捜査のスペシャリスト集団「科捜研」

——ドラマと違って事件現場は訪れない

人気ドラマシリーズ『科捜研の女』（テレビ朝日系）の舞台としても知られている科学捜査研究所（通称・科捜研）。原則的に各道府県警察本部の刑事部に属し、鑑識課員が事件現場から収集してきた証拠を科学的に分析する機関だ。業務上、鑑識課との結びつきが非常に強く、一般的には鑑識と科捜研の区別がついていない人も少なくない。

遺留品はまず鑑識課で分析され、より詳細な鑑定が必要になったときに科捜研へと送られる。科捜研の業務内容は大きく分けて「法医（生物科学）」「心理」「文書」「物理」「化学」の5つの科があり、それぞれ専門知識と高度な科学技術を駆使して事件を解決へと導くのが役目だ。

「法医科」は現場に残された血液、体液、毛髪、骨、皮膚組織などの鑑定を担当し、最新技術を駆使したＤＮＡ型鑑定も行っている。近年、ＤＮＡ型鑑定は指紋以上の証拠価値を認められるようになり、その精度も技術の進歩とともに上昇。これまで同じＤＮＡ型の出現頻度は「4兆7000億人に1人」だったが、現在は「565京人に1人」の新たな検査試薬が全国で順次導入され、より精密な個人識別が可能になっている。また、現場からの要請で「臨場」として事件現場へ向かい、ドラマでよく目にする「ルミノール検査」などの血液鑑定をすることもある。

「実際には『臨場』の機会はたまにしかなく、ドラマと違って事件が起こるたびに現場を訪れるようなことはありません。それどころか、研究員は事件の概要すら知らずに証拠鑑定している場合も多々あります。そのほうが余計な先入観や固定観念にとらわれることなく、客観的な視点で業務に集中できるんです。科学捜査では、感情に流されて冷静さを失ってしまうのはタブーと言ってもいいですからね」（科捜研関係者）

「心理科」は、いわゆる「ウソ発見器」として知られるポリグラフを使った隠匿情報検査や犯罪心理の研究（プロファイリング）などを担当。ポリグラフは科捜研のなかで数少ない「対人」業務であり、研究員としてのスキル以上のものが求められる。また、昨今は心理学と統計学を駆使して犯罪者の性別や年齢、趣味嗜好、職業、行動を推定するプロファイリングが捜査に取り入れられる機会が増えた。特に愉快犯や行きずりの犯行など、被害者と犯人の接点がつかみづらい事件で威力を発揮する。

専門スキルを持つ研究員はほとんどが理系学部出身

「文書科」では、脅迫文などの肉筆で書かれた文章の筆跡鑑定をはじめ、印刷物や紙幣、パスポートなどの公文書の鑑定も担当する。同じ人間が書いた文字や同じ機械で印刷した文書であっても1つとして「完全に同じもの」は存在せず、ほんのわずかな違いを見極めることが必要になる。焼けた書類や塗りつぶされた文字を鑑定しなくてはならないケースもあり、その業務は繊細さを極める。

「物理科」は、火災・爆発・作業事故・発砲事件の再現実験や、脅迫電話の音声鑑定、防犯カメラの映像解析など業務が多岐にわたる。火災の鑑定においては「臨場」で現場に赴き、ススだらけになりながら手作業で痕跡を探し出すことも。また、サイバー犯罪で使われたコンピューターの解析を担当することもある。

「化学科」は鑑定対象が幅広く、違法薬物や睡眠薬などの医薬品、交通事故で飛び散った車の塗料、事件現場に残された繊維片、毒劇物、火災等での油類などの検査を行っている。一時期流行した「危険ドラッグ」のように含有成分が一定でなく、副作用が予測できない薬物が出回ることもあり、身体への影響の研究なども重要な業務となっている。

このように科捜研には専門分野に特化した研究員が所属し、そのほとんどは理系学部の出身者。地方公務員として各地の警察で不定期募集され、ほかの公務員と同様に採用試験によって選考される。このようにして、あらゆる科学捜査のスペシャリストが揃った集団が構成されている。

似たような名称で混同されがちなのが前出の「科学警察研究所」（通称・科警研）。科警研は警察庁の附属機関であり、各地の科捜研に対して鑑定技術を指導したり、科捜研で扱えないほどの難しい鑑定を担当したりするのが主な業務となっている。少数精鋭で新人の採用人数も少なく、科捜研がスペシャリスト集団なら科警研は選び抜かれたエリート集団といえるだろう。

刑事のように華々しく活躍するわけではないが、最新技術と専門知識を駆使して科学的に「動かぬ証拠」を見つけ出す科捜研と科警研。これからの時代、さらに重要性が増していく機関といえそうだ。

13 治安と警備「機動隊」の全貌

——全国1万2000人の「実行部隊」

一般に機動隊と言えば、全国の都道府県警備部に所属する警備部隊のことを指すが、似た名前のセクションに「交通機動隊」（主に交通取り締まり）や「機動捜査隊」（刑事部の捜査隊）もある。ここでは、警備部の機動隊について説明する。

機動隊の歴史を紐解けば、戦前の1933年に当時の内務省警視庁が設置した特別警備隊に行き当たる。暴力的なクーデターなどの社会情勢に対応する実力部隊として組織され「昭和の新選組」とも呼ばれた。

戦後の1948年に、特別警備隊を引き継ぐ警視庁予備隊が組織され、1952年以降、全国の都道府県にこの予備隊と似た性格の「機動隊」が設置された。1957年、警視庁予備隊も「警視庁機動隊」と改称され、現在に至っている。

戦後、機動隊は学生運動、あさま山荘事件、阪神・淡路大震災や東日本大震災の被災現場などで活躍し、存在感を示してきた。基幹となる機動隊は全国で約800

0人、さらにその下に管区機動隊が4000人体制で配置されている。

この機動隊員はあくまで警察官なので、「機動隊員としての採用」というものは存在しない。警察学校などで体力面で優秀と認められたり、武道やスポーツなどで優秀な実績がある人材が、機動隊に配属されやすいと言われている。

災害支援の現場では、自衛隊員と似た動きをすることもある。ただし、機動隊員と自衛隊員の違いは明確で、国の専守防衛を任務とする自衛隊員の敵が基本的に海外にいるのに対し、国内の治安警備を担当する機動隊の敵は国内にいることになる。

約3000人を擁する警視庁の機動隊

国内最大の機動隊を擁するのは、機動隊発祥の警視庁で約3000人が所属している。機動隊員は、警察官のなかでも命の危険がある現場に立ち会う確率が高いとされる。東日本大震災で福島第1原発への放水任務に出動したのも警視庁の機動隊員だった。

いまでも伝説的に語られるのは1972年の「あさま山荘事件」である。

日本中の注目を集めたこの事件では、警視庁機動隊の第二機動隊隊長と特科車両隊中隊隊長の2名が殉職したが、彼らはいまでも「機動隊の誇り」として語り継がれている。

警視庁機動隊は1957年に機動隊と改称された後、第一～五機動隊を設置。1969年には過激派への対応などで第六～九機動隊と特科車両隊を増設し、現在の10個隊体制となった。また、テロに対応する銃器対策部隊や国内外の大規模災害時に出動できる緊急援助隊のほか、山岳救助や水難救助、爆発物処理、化学防護などの専門部隊が整備されている。

格上の一機、「河童の二機」「ほこりの三機」「鬼の四機」

警察内部における「機動隊」という部署の人気は、それほど高くはない。業務の内容面ではリスクが高く、肉体的にも過酷なため、昇進試験を受け幹部を目指すようなタイプとは肌合いが合わない。

しかし、それだけに現場要員である機動隊員の絆は強く、誇りは高い。

警視庁の場合、メインの機動隊は第一機動隊から第九機動隊まで、所在地別に分かれており、それぞれが予備隊時代からの歴史を持っている。

たとえばリーダー格の第一機動隊（千代田区）は、ほかの機動隊長が基本的に警視であるのに対し、格上の警視正が置かれる。

機動隊の任務は昔も今も変わらず、過酷を極める

第二機動隊（墨田区）は、水害警備に強いとされ、「河童の二機」の愛称で知られる。第三機動隊（目黒区）は「ほこりの三機」（誇りと埃をかけている）、第四機動隊（立川市）は「鬼の四機」（どんなに批判されても任務をやりとげる）といった具合に、それぞれニックネームがあり、それらは機動隊員の連携とプライドを維持するのに役立っている。

機動隊はその任務上、若手が中心である。その若い時分にともに所属した体験は、深い友情に繋がるともいわれる。決してエリートではない機動隊員たちの、ひそかなネットワークは全国に広く根付いているのだ。

14 「警察署」の機能と役割

――警察署長になれば大出世！

警察庁の指揮・監督下に各都道府県警があり、その最前線にあるのが警察署であり、さらにその先が交番、駐在所である。

一般人が日常生活を送るうえで、県警の本部に出かけることはあまりないが、最寄りの警察署であれば、免許証の更新や各種届出、相談ごとなどを含め、少しは接点があるという人も多くなるだろう。

各県警本部は「刑事部」「交通部」など「部」に分かれているが、警察署は「課」に分かれている。

警視庁の場合は8つの課に分かれており、それぞれ次のような役割を担っている。

①警務課……市民からの相談窓口。また、留置所の管理や人事などを担当。
②会計課……拾得物の受理や、職員の給与事務、装備品の管理など。

③生活安全課……保安係や少年係があり、防犯や少年事件を担当。また地域の経済事件などを捜査する。
④地域課……交番や駐在所などの管理や車両の運用など。
⑤刑事課……窃盗事件や知能犯の捜査を担当。
⑥交通課……交通違反の取り締まりや交通事故の捜査、鑑識など。
⑦警備課……警備全般や公安事件、外国人犯罪などの捜査、情報収集。
⑧組織犯罪対策課……暴力団関連犯罪や銃器・薬物事件の捜査。

事件の捜査は、所轄の警察署と本庁（東京都の場合）の連携で行われる。初動で被疑者を検挙できればよいが、そうならなかった場合には本庁から応援が送り込まれ捜査本部が設置される。あとは所轄の警察署と本庁のそれぞれの捜査官（刑事）が協力して事件の解決にあたる。

時と場合にもよるが、その連携に対立構造が生まれる余地はあまりなく、少なくとも同じ都道府県内のメンバーであれば「縄張り争い」が起きることはほとんどないといわれている。

警察署長は地域の名士　キャリアは若くして就任

大規模な警察署における警察署長は正真正銘の幹部で、民間企業でいうなら平の取締役かその一歩手前の警視正が登用されることが多い。小規模な警察署の署長は警視だが、これも幹部である。なお、事件が発生した際に新聞記者などへのメディア対応は副署長の役割だ。

警察署長ともなれば、様々な許認可権を一手に握っているため、地域では名士といえる存在である。ノンキャリアの場合、警視正にまで出世するのは極めて難しいため、警察署長になれたら大出世だが、そこがゴールということがほとんどだ。

しかし、東大を出て総合職の国家公務員試験に合格し、警察庁に入庁したキャリア組は30歳前後で警視に昇進するため、父のような年齢の部下たちを従える警察署長になることがしばしばある。

キャリアの優位性が露骨に見える人事だが、これも歴史あるシステムゆえ、「若殿」を無事に出世させることが周囲の評価に繋がるということを全員がよく理解しているので卑屈になる人間はいない。

有名なのは文京区の本富士警察署長で、ここは東大を管轄内に置くせいか、「キャ

所轄の麹町警察署の外観

リア官僚」が警察署長を務めることが多かった。

ちなみに似たような制度は財務省（旧大蔵省）にもかつてあり、キャリア組が若くして地方の税務署長に就任していた。しかし、現在の財務省の人事制度では、そうした制度はなくなっている。

警察署は、警察という組織の1つの縮図、ミニチュア版であり、ここでの経験が、警察官としての育成の場となる。とくに、大都市の大きな警察署では、ありとあらゆる業務が待ち構えており、たとえば警視庁においては丸の内警察署、麹町警察署、目黒警察署、万世橋（まんせいばし）警察署などが「出世コース」と言われている。

第5章

捜査にまつわるエトセトラ

1 「現場検証」の知られざる掟

――殺人現場に現れる「検視官」は〝お偉いさん〟だった！

警察が最初に事件発生を知るきっかけとして、最も一般的なのは110番通報である。警視庁の統計によれば2020年度の場合、日本全国の110番通報受理件数は約840万件。約3・8秒に1回、国民の約15人に1人が110番通報したことになる。しかし、このすべてが事件に結びつくわけではなく、実際には「警察が出動する必要があるのか？」と思わされる通報も多いようだ。

最近は、個人間のちょっとしたトラブルも大事になるのを恐れて警察を頼るような風潮があるだけに、今後110番通報が増えることはあっても減ることはなさそうだ。

なお、交通事故の現場に遭遇したときなど、110番と119番のどちらに電話をしたらいいのか迷ったときは、負傷者がいたら119番に電話をするのが正解。この場合、119番通報を受けた消防から警察のほうへも連絡が行く仕組みになっているので、改めて１１０番通報をする必要はないのである。

１１０番を受理した係員が通報者から聞いた事件や事故の情報は、リアルタイムで無線指令を行う係員にも共有され、**１１０番通報を受けているのとほぼ同時に、管内のパトカーや警察署、交番などに指令が出される仕組みとなっている。**

先着した警察官は「現場保全」が最優先

現場への出動命令が下されて、最初に事件現場へ駆けつけることになるのは多くの場合、最寄りの交番にいる警察官だ。ちなみに１１０番通報から警察が現場に到着するまでの時間は、地域にもよるが全国平均で7分弱と言われている。

現場へ到着した警察官はまず被害者の救護にあたり、現行犯など被疑者がすでに確保できているときには、まずその場で事情聴取をしてから、必要に応じて最寄りの交番や警察署への移送の手続きを行うことになる。

事件発生現場には証拠がそのまま残っていることが多いので、現場の保存も重要だ。ほかの人間が現場に立ち入らないよう『立ち入り禁止（ＫＥＥＰ　ＯＵＴ）』と書かれた黄色いテープを周囲に貼りめぐらせたり、場合によっては周囲から現場が見えないようブルーシートで囲ったりする。メディアなどではこのときに貼られる黄色いテープそのものを「規制線」と呼ぶこともあるが、本来「規制線」という言葉は、物理的に貼られたテープなどではなく、「区内の交差点30カ所に警察官300人を配備して規制線を張った」というような文脈の中で使われるものである。

さらには、集まってきた野次馬たちが現場に近づきすぎないように制したり、自動車などの通行に支障が出ないよう交通整理することも、交番勤務の警察官にとって大切な仕事となる。このとき、事件の状況を被害者から聞き、記録する「実況見分」なども行う。

「死体がある場合、検視をやることもあるんですよ。でも、慣れてないからわからないじゃないですか。だから、第一課の刑事さんが到着したら『手伝うから、代わりに検視してくれよ』ってお願いしてましたね（笑）」（稲葉）

実は高い階級にある「検視官」

機動捜査隊員や所轄の刑事、鑑識係員らが到着して、現場検証や初動捜査が始まる。機動捜査隊員や刑事は現場の状況を把握したうえで、周辺への聞き込み捜査を開始。目撃情報が多いほど被疑者の特定や確保の可能性が高くなるので、現場周辺の店舗や個人宅を訪ねて事件発生時の状況を丹念に聞いて回っていく。

その間、鑑識係員は現場で指紋や髪の毛、足跡などの採取にあたる。このとき証拠になりそうなものはすべて持ち帰る。

現場に死体があるような事件のときには検視官が臨場する。検視官とは主に刑事部に所属する刑事であり、警察大学校で法医学を修了した者が刑事部長から指名されてその役割を担っている。**「検視官」という資格があるわけではなく、また医師資格も必要とされないが、警察内の階級は意外に高く、警部や警視がこの任務にあたっていることが多い。**

もともとは「検屍官」と表記されていたように、「被害者の生死を調べる」のではなく「屍体から犯罪の証拠を探す」ことがその職務であり、この検視によって「他殺か自殺か」「殺人か傷害致死か」を見極めていく。

初動捜査はおおよそ2~3時間行われ、多くの事件はこの初動捜査で解決する。しかし、初動捜査で解決の糸口が摑めなかった場合、地域の警察署が捜査を引き継ぎ、それが重大犯罪の場合には所轄に捜査本部が設置されることになる。

2 犯罪捜査につながる「司法解剖」がほとんど行われないウラ実情

――「死体を捨てるなら東京よりも埼玉・千葉」とは？

変死体が発見されると、まずは警察に通報され、検死官が「検視」を行い、遺体や周囲の状況から犯罪の疑いがあるかどうかを判断する。その後、遺体は警察署に運ばれ、監察医や法医学者などによって、死因や死亡時刻を判定する「検案」が行われる。そして検案でも死因が判定できない場合は、担当刑事の判断によって解剖を行うことができるのだが、この解剖は大きく3つに分かれている。

まずは、事件性があると判断されたときに行われる「司法解剖」。次に事件性がないと判断されたときに行われる「行政解剖」（死因の調査専門の監察医制度がある東京23区、大阪市、神戸市、名古屋市の4つの都市のみ）。最後に、監察医制度のない地域で遺族の承諾を得て行う「承諾解剖」である。

監察医制度がある地域では、監察医が検案で死因が判断できなければ、犯罪性がなくても行政解剖を行うよう義務化されている。しかし、それ以外の地域の場合、

ほとんどの遺体は「病死」として処理され、解剖による死因究明は行われていない。司法解剖は資格を持つ法医解剖医が人手不足（全国でも150名ほどしか登録されていない）、行政解剖は予算不足というのが理由だ。２０１９年に東京都監察医務院がまとめたデータでは、監察医制度のある神戸市の解剖率が約49％だったのに対し、監察医制度のない地域の解剖率はわずか１・１％しかなかった。解剖が少ないと犯罪が見落とされる可能性が高くなり、真犯人が野放しにされることに繋がる。一昔前まで都内のヤクザは「死体ができたら足を伸ばして、（監察医制度がない）埼玉や千葉の山に捨てる」のが常識だったという。

法医解剖医が敬遠される理由

２０１３年に死因・身元調査法が施行され、警察署長の判断により遺族の承諾不要のまま行政解剖ができるようになったことで、地域差はなくなると思われたが、地方での行政解剖の実施件数は期待したほど増えていない。それは法医学を学ぶ医師が減っているからだ。

行政解剖や司法解剖はいつ依頼が来るかわからないうえ、生きている人間の怪我や病気を診療する臨床医のほうが、お金が儲かるため法医学は敬遠されているのだ。

3 ドラマの定番「本部vs.所轄」が現実にはあり得ない理由
――重大事件で臨時設置される「捜査本部」の実態

初動捜査で被疑者の確保に至らなかった場合には、所轄の警察署が引き続き捜査を行うことになるが、これが重大事件の場合には「捜査本部」が設置されることになる。さらに世間を揺るがすような**重要事件と判断された場合は、警視庁や道府県警本部が捜査を主導する「特別捜査本部」が設置される。**なお警察用語で捜査本部のことは「帳場（ちょうば）」といい、これが設置されることを「帳場が立つ」という。

捜査本部は事件発生場所の管轄署の講堂などに設置され、入り口には「〇〇事件特別捜査本部」と墨書の「戒名」（事件の名称）が貼り出される。

殺人事件の場合だと、通常は都道府県警本部の捜査一課、殺人・傷害担当班のうちの1つの係（10名程度によって構成される）が参加する。

そのほかに所轄署の刑事や鑑識など、事件の規模に応じて100人程度が駆り出されることになる。小さな警察署で人手が足りないときには近隣署にまで応援を求めることもある。特別捜査本部が置かれる重大事件においては本部の複数の係が捜査に参加することもあり、2000年に起きた「世田谷一家殺人事件」（警視庁による〝戒名〟は「上祖師谷（かみそしがや）三丁目一家4人強盗殺人事件」）では、当初3つの係が投入された。

捜査本部は警察庁の定めた「重要事件等捜査本部運営要綱」に従って構成され、捜査本部長、捜査副本部長、事件主任官、広報担当者、捜査班運営主任官、捜査班長、捜査班員が置かれることになっている。**原則として特別捜査本部の場合、本部長には警視庁や道府県警の刑事部長が、副本部長には捜査一課長や担当所轄署の署長が任命されるのが通例だという。**

ただし、これはあくまでも肩書き的なものであって、捜査本部長らが現場の前線に立つことはなく、通常は本部の管理官が現場で指揮を執ることになる（特別に大きな事件の場合には本部の課長クラスが陣頭に立つこともある）。

管理官は通常1人で2〜4の係を統括しているため、場合によっては数件の捜査本部を並行して指揮することもあるといい、管理官の捜査指揮や管理能力が事件解決に大きく影響するだけに非常に重要であり、なおかつ激務を強いられるポストと言えよう。

このとき、本部と所轄が対立したり、本部の立てた捜査方針に所轄の刑事が異議を唱えるというのが、刑事ドラマの〝定番〟と化しているが、実際の現場でこのように本部と所轄が対立することはほとんどあり得ないのだという。

「警察官は異動で入れ替わりがありますから、所轄と本部の捜査員同士が顔なじみだったりしますしね。それに警察は上下関係がしっかりした社会ですから、本部が指揮したら、所轄は指揮下に入るのが当然です。とはいえ、やはり所轄のほうが情報を持っていることが多いです。その場合も、巡査がいきなり本部長に異議を申し立てるようなことはしません。巡査ならまずは巡査部長に報告して、巡査部長は係長に、係長は次長にと段階的に報告を続け、最後に署長が本部に報告し、指揮伺いをします。警察は手順を重んじるんです」（稲葉）

事件発生から10年で捜査活動中止も

いくら重大な事件であっても、長期化するにつれて捜査の規模は縮小され、特別捜査本部も閉鎖されることになる。2010年に殺人罪などの公訴時効が廃止されたのに先駆けて、警視庁では2009年に「特命捜査対策室」を立ち上げた。また、警察庁も同様の組織を全国16の地方警察庁に設置している。専従チームでは主な未解決殺人事件の捜査や現場警察署への捜査支援、長期間未解決殺人事件の記録やその証拠物の管理などを担当している。

2015年に警察庁の発表した指針によると、重大犯罪の捜査体制は①発生後1年間は「捜査本部での集中捜査」②1～5年は「管轄警察署の専従班による捜査」③5年以降は「未解決事件専従チームによる捜査」の計3段階とされている。

殺人事件の場合、95％以上が発生から1年以内に解決されるため、まずは①の段階で捜査本部を立ち上げて全集中。それで犯人を捕まえることができなければ1年後に捜査本部を解散させて、管轄警察署が専従班を立ち上げて捜査を行い、発生から5年経過すると未解決専従チームが所轄の専従チームから事件記録や証拠物を引き継いで捜査。**10年間捜査をしても進展がなければ、元捜査官や法医学者などが参加する「長期間未解決殺人事件の指定審査委員会」による審査がなされて、ここで未解決事件に指定されれば新しい証拠や情報提供、目撃者などが現れない限り、一般的な捜査活動は中止されることになる。**

専従チームが未解決事件だけに集中することで事件解決の可能性が高まるのと同時に、ここで初動のミスなども含めた捜査ノウハウを集積することによって、それを事件発生初期の捜査に役立てることにもなるだろう。

4 捜査は「2人1組」が必須 組み合わせの方程式とは？

——ドラマ『相棒』のようなコンビは現実にあるのか

刑事といえば「2人1組で行動する」というイメージを持っている人も多いだろう。

邦画で、古くは黒澤明監督の『野良犬』の三船敏郎&志村喬(たかし)のコンビや、松本清張原作『砂の器』での丹波哲郎と森田健作などが有名なところ。

テレビにおいても、刑事ドラマは1950年代のテレビ草創期から存在するド定番だが、そんななかでも、捜査員同士の掛け合いを軸にした「バディもの」が出始めたのは1970年代以降のこと。

国内バディ作品の元祖ともいえる『噂の刑事トミーとマツ』（松崎しげる&国広富之）をはじめとして、『あぶない刑事』（柴田恭兵&舘ひろし）、そして『相棒』（水谷豊＋α）などの人気作品が誕生している。

そしてこの「2人1組」は、実際の捜査においても基本となっている。

初動捜査では単独行動も

実際の捜査活動において、2人1組で動くことが多い理由は、ひとえに効率を重視してのものだ。もし聞き込み捜査の最中に被疑者を発見したとき、1人で捜査をしていたならば、被疑者を追いかけた結果逃してしまうと、その後の捜査網を構築するのも遅れてしまう。2人でいたなら1人が被疑者を追跡して、もう1人は本部に状況報告し応援を要請するという役割分担も可能になるというわけだ。

もっと単純な話で言っても、張り込みや尾行をする場合に1人だと急に便意をもよおしたとき、トイレへ行くこともできない。

そうした諸々の事情から、余程のことがない限り基本的に捜査は2人1組で行われることになる。藤田まことが主演を務めたドラマ『はぐれ刑事純情派』も、タイトルは「はぐれ」だが捜査においては若手と組んでいた。**ただし、初動捜査の場合は別。初動捜査は1分1秒が大事になるので、1人でも聞き込みを進めていく。**

逆に言えば「初動捜査でもないのに、1人きりで捜査している警察官」というのは訝(いぶか)しむ必要があるのだ。

なお『相棒』では「トリオ・ザ・捜一」なる3人組の人気キャラが登場していた

が、実際の現場捜査において3人組で動くということはほとんどないという。

基本は「本部＋所轄」「ベテラン＋若手」

ちなみにこのバディシステム、刑事ドラマでは同じ部署の刑事が組んで動くことが多い。所轄内での通常の巡回業務などにおいてはたしかにそれが当たり前だが、特別捜査本部が設置された際の捜査活動においては、**都道府県警本部の刑事と所轄の刑事がペアで動くことがほとんどだ。**

前述したとおり、所轄の刑事は土地勘やその土地での人脈を持っている。そこに本部の刑事の持っているノウハウを合わせることが、捜査においては効果的だという判断があってのことだろう。

またドラマでは「若手刑事の2人1組」という配役になることも多いが、これもやはり演出上の都合によるもので、**実際にはベテランと若手のコンビとなることが多い**ようだ。

そもそも警察の昇任システムが「所轄で経験を積んでから本部へ異動」というのが基本になっていることから、本部と所轄のペアとなったときには自然と「本部＝ベテラン」「所轄＝若手」ということになりやすいのだ。

その結果として所轄の刑事が下働きをすることにはなるのだが、これはあくまでも階級や経験、年齢によるものであって「本部のほうが所轄よりも上」ということではない。通常勤務においても、原則として2人1組で行動することになる。

ベテランと若手が組むことの利点としては、やはり「若手の育成」という面が大きい。刑事としての捜査スキルは実地経験を重ねることで磨かれていくもので、若手はベテランの教えを受けたり、その姿勢を見たりすることによって刑事としての在り方を学ぶことができるのだ。

5 「聞き込み捜査」が消滅の危機!?

――「敷」「足」「ナシ割」が風前の灯の理由

事件が発生すると、捜査員たちは事件の目撃者をはじめとして、被害者や被疑者の親族・知人・職場の関係者や、現場近くの住人など、ありとあらゆる方面から聞き込み作業を行うことになる。

ここから犯人像をあぶり出していくのだが、殺人事件では大きく分けて**「敷（しき）」「足（あし）」「ナシ割」と呼ばれる、3種類の聞き込み捜査が行われる。**

「敷」は「敷鑑」を略したものなのだが、そもそも「敷鑑」自体が警察の隠語なので、そう聞いてもよくわからないだろう。敷鑑の「敷」とは「住居」、「鑑」は「目利き」を意味する言葉。つまり事件の被疑者あるいは被害者の住まいや行動範囲、人間関係などの情報を集めることを「敷」と呼んでいて、これは「鑑取り」と呼ばれることもある。「敷」によって集められた被疑者もしくは被害者の周辺情報から、怨恨や痴情のもつれ、金銭トラブルなどが発覚して、そこから犯人が導き出されたりすることも多々ある。

次の「足」は、現場周辺での聞き込みのこと。文字通り足を使って、不審者の目撃情報や、事件当時の争う声や騒音の有無などの手掛かりになりそうな情報を集めていく。

「敷」が人物を特定して調べていくのに対して、「足」は「地取り（じどり）」とも呼ばれ、ここでは事件現場の住人や、現場周辺にある会社などへの通勤者たちを片っ端から訪ねて回ることになる。ドラマなどで「聞き込み捜査」といったときに、まずイメージするのがこの「足」だろう。

この「足」には、事件現場で特定の時間帯の通行者全員から話を聞く「定時通行捜査」というものもある。通行人のみならず車両も停止させて話を聞き、目撃情報などを徹底的に洗い出していく。この捜査によって現場遺留品のない死亡ひき逃げ事故が解決したこともあったそうだ。

最後の**「ナシ割」は、現場に残された凶器や遺留品などの捜査を指す。**「ナシ」は「品物」の「品（しな）」を逆から読んだもの。「割り」は「犯人を割り出す」との意味。もともとは盗品が質屋や古着屋に出ていないかと調べることを言ったようで、近年はフリマアプリやネットオークションを調べることも「ナシ割」と呼ぶようになっている。

ちなみに捜査第一課の刑事は、資料や関係者の証言から因果関係を見出し、事件の全体像を描いて捜査する。**この全体像を描くことを「筋読み」と呼び、さらに、最初に犯人像をある程度固めたうえで行う捜査を「見込み捜査」と呼ぶ。**こちらは、最初に犯人像を見誤ると事件の真相から大きく外れ、誤認逮捕につながりやすくなるため、捜査第一課の刑事には「筋読み」の能力が大きく求められるのだ。

聞き込みによる検挙が激減する理由

犯罪捜査には欠かせない聞き込みだが、近年はこれを拒まれるケースも増えている。日本全国で都市化が進み地域への帰属意識が低下して、近所で起こった事件でも「他人事」ととらえる人が増えたというのが大きな理由の1つだろう。**個人情報の保護を理由にして捜査への協力を拒まれるケースも少なくないようだ。**

一般の人に聞き込み捜査をした際、たとえ「とくに心当たりがない」といった、まったく中身のない話しか聞けなかったとしても、手続き上、その人の住所や氏名、生年月日、電話番号を聞くことになる。しかし、相手が警察であっても、個人情報を明かすことを負担に感じる人の割合は年々増えているという。

物品の大量生産化、グローバル化によって「ナシ割」が難しくなってきている。

こうした社会状況の変化により、捜査活動に対する一般市民からの協力を得ることが急激に困難になってきているようで、聞き込み捜査を端緒とした刑法犯検挙件数は１９９０年頃には全国で１万件以上あったが、２０１９年にはこれが５０００件以下にまで半減しているというデータもある。

こうした状況下にあっても、聞き込み捜査は重要な意味があるだけに、やらないわけにもいかない。そのため、聞き込みの際には事件に少しでも興味を持ってもらえるようにと、事件の記事が載った新聞の切り抜きを見せるなどの工夫を凝らすこともある。

捜査に非協力的な市民が増えているなかにあって、**刑事には聞き上手であったり話し上手であったりというトークスキルが求められる。**第一線で活躍する刑事は実際には人当たりがよく話しやすいタイプが多い。

様々な相手から話を聞き出すためには、そうした話術だけでなく経験豊かな人間性も求められることになるが、この何年かの間に団塊の世代を中心としたベテラン刑事たちが大量退職したことで、うまく聞き込みのできる刑事が減ってしまったということも捜査能力減退の理由の１つと言えそうだ。

6 「職務質問」をスルーする方法は？

――「任意」のはずが実質的には任意じゃない！

警察の捜査は大きく2つに分けられる。それは「任意捜査」と「強制捜査」であり、当然ながら我々にとって身近なのは「任意捜査」だ。

とくに、そのなかでも警察用語で「バンカケ」「ショク」などとも呼ばれる「職務質問」は、善良な一般市民であっても経験した人は多いだろう。

実際は**「職務質問」自体は捜査そのものではない**のだが、一般市民の協力を得て捜査の端緒を得るという意味でも「任意捜査」の代表的な存在となっている。

「任意」とは文字通り相手の承諾を得て行われること、一方の「強制」は法的権限などで有無を言わせずに相手を従わせることだ。

となれば、職務質問は建前として「任意なのだから断っても構わない」ということになる。強制力がなく、相手の自発的な協力があって初めて成立するのだから当然と言えば当然だ。

「忙しいから」「疑われているようで不愉快だから」「職務質問をされているところを周りに見られるのが恥ずかしいから」など、個人的な理由で断っても問題はないはずだ。実際、何かしら理由をつけて職務質問を断ろうとする人もいる。

しかし、一般的には職務質問を断ると「警察官に食い下がられる」「応援を呼ばれてパトカーが到着する」「路上で押し問答になる」など、余計に面倒なことになってしまうケースが大半である。

「犯罪予防」のためなら多少強引でもＯＫ

職務質問は「任意捜査」の代表的な存在でありながら、相手に「任意」に応じてもらうために説得したり、ある程度くっついて一緒に移動したりといった「圧をかける行為」が事実上認められている。

完全に自由意思を奪ったり、常識的に許されないレベルの有形力（身体的接触）を行使したりすればアウトだが、場合によっては複数の警察官で取り囲んで進路をふさぐなどの手段も、ごく当たり前のように使われている。

これは職務質問に「犯罪予防」という目的があるためだ。もし犯罪にかかわっている者が職務質問を拒否し、それに警察官が素直に従っていたら犯罪を防止することができない。

だからこそ、本来は「任意」という大原則がありながら、ギリギリのラインでの駆け引きが許容されているのである。

警察官は、警察官職務執行法の第二条「異常な挙動その他周囲の事情から合理的に判断して何らかの犯罪を犯し、若しくは犯そうとしていると疑うに足りる相当な理由のある者又は既に行われた犯罪について、若しくは犯罪が行われようとしていることについて知っていると認められる者を停止させて質問することができる」という条文を根拠にして「不審者」に狙いを定める。

違法か適法かはケースバイケース

不審点が解消されるまでは相手から離れるわけにはいかず、もし見過ごした相手が犯罪を起こせば責任問題に発展する可能性もあるだけに、任意性を確保しつつも「どう相手を逃がさないか」に重点を置き、あの手この手を使って「任意の協力」を求める。老練な警察官になると、怪しいと思った相手に高圧的な態度を取ってわざと怒らせ、公務執行妨害などを誘うタイプまでいる。

この「任意」という言葉はかなり曖昧かつ定義が難しい言葉であり、警察官や司法の解釈によってかなり意味合いも変わってくる。結果、職質対象の市民にとっては「任意なのに実質的には任意じゃない」という理不尽さを感じることがあるのだ。建前としては、相手の自由意思を阻害した時点で「任意ではない」となるはずだが、職務質問においては「程度問題」「ケースバイケース」となることが多い。

なお、覚せい剤所持案件の職務質問は、ある程度ターゲットを絞り込むコツがあるという。

「まずは場所。北海道ならススキノ地区とかですね。次に夜遅くとか朝早いといった時間帯。そしてなんだかんだ言って不良っぽいなど見た目もありますね。シャブをやっていると目の落ち着きがなくなってキョロキョロしたり、唇が乾きやすくなるから、やたら唇をなめたりするんです。そういった仕草を観察する。首の後ろあたりから匂う〝ジャブ臭〟もあるらしいんだけど、私は感じたことがないかなあ」（稲葉）

ちなみに、この方法が使えるのは常習者に対してのみ。売人のほとんどは売るだけで、自分では使用しないため、常習者のような「クセ」が出てこないという。売人を職務質問で逮捕する場合、そのほとんどは事前に売人である情報を得ているケースなのだという。

7 「容疑者」「被疑者」「不審者」一番〝黒い〟のは？

——警察では「容疑者」という言葉は使用しない！

何かしらの事件で犯人であると疑われている人物に対し、メディアでは「容疑者」という呼称が用いられる。疑いが晴れたり不起訴になったりした場合などは「○○さん」や「○○氏」に戻り、裁判所に起訴されれば「○○被告」となる。

「容疑者」はテレビや新聞などで毎日のように飛び交っている言葉であり、我々にとって馴染みがあるが、実は警察の世界ではほとんど使われない。

警察の世界で「犯罪を犯した疑いのある者」は、基本的に「被疑者」と呼ばれる。「容疑者」という呼称は80年代からメディアで使われるようになったマスコミ用語で、一説によると「被疑者」と「被害者」の発音や字の見た目が似ているため、間違えないように「容疑者」という言葉が用いられるようになったと言われている。

また、日本では被疑者と犯人を同一視する風潮が強いため、絶対に被疑者と被害者の混同を避けなければならないという事情もある。

かつては、マスコミ報道において被疑者は実名で呼び捨てにされていたが、推定無罪の原則と基本的人権の観点から「呼び捨てにすべきではない」との意見が強まり、一種の敬称として「容疑者」が使われるようになったという経緯もある。あくまで「容疑者」はマスコミ用語で警察の世界では通常使われないと前述したが、捜査のごく初期段階においては、使用されることもある。

〝被疑者未満〟の対象を「容疑者」と呼ぶことも

捜査線上に浮かんでいる人物で、まだ被疑者といえるほどではないという人物に対して「容疑者」という呼称が使われるのだ。だが、捜査が進んでクロの可能性が高まっていけば、ほぼ呼称は「被疑者」で統一される。

なお、逮捕されて検察に送致されても、しばらくは「被疑者」のままである。呼び方が変わるのは検察に起訴されたタイミングで、起訴されると「被告人」となる。

容疑者、被疑者とは別に「不審者」という用語もある。これは世間一般的に「どこか怪しい人」「怪しい行動をしている人」といったアバウトな意味合いで使われるが、警察官も普段は同じようなニュアンスで使用するケースが多い。

被疑者は特定の事件の犯人であると疑われている者という具体性があるが、不審者はそこまでのレベルではなく、ごく簡単に言ってしまえば「怪しい人物」というだけだ。

あくまで「不審者」は一時的な呼称

だが「不審者」には、警察行政法という学問上の用語としては意外とはっきりとした定義がある。その場合の「不審者」とは「異常な挙動、その他周囲の事情から合理的に判断して、何らかの犯罪を犯し、若しくは犯そうとしていると疑うに足りる相当な理由のある者、または既に行われた犯罪について、若しくは犯罪が行われようとしていることについて知っていると認められる者」のことだ。

この定義でピンとくる人も多いだろうが、**不審者という用語は「職務質問」と密接な関係にある。**

もし警察官が「何らかの犯罪を犯し、若しくは犯そうとしていると疑うに足りる相当な理由」のある人物を見つけた場合は、その「相当な理由」を解明しなくてはならない。その解明のために行われるのが職務質問であり、学問上・実務上での対象人物が「不審者」と呼ばれるのである。

戦前の日本では「職務質問」が「不審尋問」と呼ばれていた経緯もあり、昔から

「不審者」とは切っても切れない関係だったのだ。

つまり、あくまで「不審者」は一時的な呼称でしかなく、職務質問で疑う理由なしと判断されればすぐに「不審者」ではなくなる。市民に協力してもらって事情を見極めた結果、捜査対象にする必要はなかった、というだけの話でしかない。むしろ**「不審者」はそのように事件と何の関係もないケースが大半**であり、もし「不審者」として職務質問の対象になってもなんら恥ずべきことはない。

だが、一般市民の立場からすれば「不審者」扱いされるのは誰しも不愉快だろう。実際、職務質問をめぐる警察と市民のトラブルが裁判に発展することは少なくなく、最高裁によって「不審者」の概念についても恐ろしく詳細なルールが示されている。そうした判例による無数の解釈によって現代の「不審者」の概念は形作られていると言ってもいいだろう。

8 「重要参考人」というマスコミ用語に警察は大迷惑!?

——警察が使う「参考人」は犯罪の嫌疑とは無関係!

映画やドラマなどのフィクションでも、マスコミの報道でも「重要参考人」という言葉を耳にすることがよくある。

報道では「男が事情を知っていると見て、重要参考人として行方を捜している」「県警が重要参考人の男から任意で事情聴取を始めました」といった使われ方をされ、フィクションなら「事件の犯人だと疑われて重要参考人になってしまった主人公」「この事件、真犯人は重要参考人の○○に思える……」といった具合だ。

つまりは「まだ犯人だと断定はできないが、限りなくクロに近いと思われる超グレーな人物」を指す言葉となっている。実際に「重要参考人」が逮捕されて「容疑者」となるようなケースは珍しくないため、我々もなんとなく受け入れている用語と言える。だが、この**「重要参考人」という用語は、警察業界では基本的に使われない。**警察官にとって、犯罪を犯した疑いのある者はあくまで「被疑者」であり、それ以外の呼称が用いられることはほとんどないのだ。

では、よく聞くはずの **「重要参考人」とは何なのかといえば、事件報道における代表的なマスコミ用語である。**「容疑者」とはまだ呼べないが、警察筋からの情報などで「おそらく犯人だろう」「いずれ逮捕されるであろう」と思われる人物の存在を報じる際に使われるのが「重要参考人」という呼称なのである。メディアで頻繁に使われたことで一般に広く浸透し、世間では「重要参考人＝犯人と同義」というイメージすら形成されている。日本社会において、これは「被疑者（容疑者）＝犯人」という誤解が広まっていることと同じくらい根深い問題とも言えそうだ。

参考人とは「被疑者以外のすべての人間」

この「重要参考人」のイメージによる弊害として危惧されているのが、警察官の間でも使われる「参考人」という概念への影響だ。

警察の世界で使われる「参考人」とは、事件の目撃者や情報提供者、被疑者の友人や親族、捜査に協力する通訳、鑑定人、医師などの各種プロフェッショナルに至るまで、かなり幅広い意味合いを持つ。各種プロフェッショナルの参考人については、刑事訴訟法第223条でも「検察官、検察事務官又は司法警察職員は、犯罪の捜査をするについて必要があるときは、被疑者以外の者の出頭を求め、これを取り調べ、又はこれに鑑定、通訳若しくは翻訳を嘱託することができる」と規定されている。

つまり、警察や検察の事情聴取を受ける被疑者以外のすべての人物を指すが、もっと広範囲に**「被疑者以外のすべての人間」**を含む言葉と言ってもいい。そのなかに被疑者となる人物がいる場合もあるが、**用語自体は犯罪の嫌疑とは無関係**である。

「重要参考人」というマスコミ用語の弊害

捜査機関は必要に応じて「参考人」に出頭を求めることができるが、それが強制されることはない。国会でも「参考人」が招致されるケースがよくあるが、そちらもやはり強制ではない。裁判でも国会でも、出頭や証言の義務が生じるのは「証人」である。

「参考人」と「証人」なら、一般的には「参考人」のほうが事件に深く関係しているかのようなイメージがあるが、かなり広範囲な意味の言葉なのでそれは誤解と言える。

しかし、前述した「重要参考人」というマスコミ用語によって「参考人」まで「事件に関与していると疑われる者」という印象となり、市民の捜査への協力に支障をきたしたり、事件の参考人となった人物が不利益を被ったりする可能性がある。

実際、身近な人物が「事件の参考人として警察署で取り調べを受けた」などと聞けば、誰しもドキリとしてしまうだろう。「犯罪に関与しているのでは」「逮捕されるのでは」といった印象を抱きかねない状況だ。だが、仮に**警察官と談笑しながら和気あいあいと調書の作成に協力したとしても「警察の取り調べを受けた」ということになる。**

「参考人」も「取り調べ」もニュートラルな用語なのだが、メディアでの使われ方によって印象が変わってしまったといえる。

ただ、警察でも**「重要参考人」に近い用語が使われることはある。「重要な参考人」「重要な事件等参考人」といった言葉が用いられている**のだ。

だが、それは文字通り、捜査や刑事裁判において重要な参考人という意味でしかない。証言や供述、証拠などが事件の解明にとって重要になってくる参考人といったニュアンスであり、やはりそれ自体は犯罪の嫌疑とは関係ない言葉である。

この「重要な」という言い回しがマスコミ用語の「重要参考人」に転じた可能性もあるが、もしそうであれば、その過程で意味はすっかり変化してしまったようだ。

9 「任意同行」を断るとどうなる？

——「職質」と「捜査」における〝ニンドウ〟の違い

事件報道などで「現場に駆けつけた警察官が男を任意同行して事情聴取し、逮捕に至った」「呼気から基準値を超えるアルコールを検出し、署に任意同行した」といったように「任意同行」という言葉をよく耳にする。

警察の業界用語では「ニンドウ」と呼ばれ、任意という言葉が示すとおり、本来は個人の権利を阻害せずに自発的な協力によって行われるものである。

だが、実際は「任意同行に応じません」と言われて「はい、そうですか」と警察が簡単に引き下がるわけにはいかず、状況によっては粘り強い説得や一種の「圧をかける」行為が展開されることがある。それでも「任意なら断ってもいいはずだろう」「どうしてもというなら逮捕状を持ってこい」と応じない人もおり、その場合は警察と対象者の激しい駆け引きが繰り広げられることになる。

実は、**「ニンドウ」は2種類存在する。**我々が思い描く「ニンドウ」は、職務質問における「任意同行」だろう。これは警職法で定められており、ざっくり説明すると「公道でさらし者になるなど相手にとって屈辱的な状況になってしまった場合」「雨や雪などの悪天候の場合」「人だかりができるなどして通行の安全上問題がある場合」といった状況において、警察官は職務質問の対象者に任意同行を求めることができる。

職務質問の「ニンドウ」は〝クロに近いグレー〟

当然、それは建前の部分が多分にあって、実態としては「怪しい」と感じた相手に任意同行を求めるパターンが多い。だが、もちろん警察官も暇ではないので片っ端に任意同行を求めるようなことはしない。**もし警察官が職務質問で任意同行を求めた場合、それは相手のことを「クロに近いグレー」と判断している**と見ていいだろう。

そういったケースは相手側も強く反発することが多く、職務質問における任意同行は大もめになることが珍しくない。

職務質問における「ニンドウ」とは別に、捜査における任意同行もある。この場合は制服の警察官でなく、基本的に私服の刑事が行う。

シチュエーション的には、早朝にチャイムが鳴り、ねぼけまなこで対象者が玄関を開けると2人の刑事。「○○の事件についてお話を聴きたいのですが、これから署までご同行を願えますか?」と言われる、といったイメージである。

このような状況になると、ほとんど警察側は「目星」をつけている状態といえる。逮捕はほぼ確実だが、あえてそうせずに「任意同行」を求めているという状況だ。

その理由の1つとしては、すでに逮捕状を取っている、もしくは逮捕状をいつでも取れる状態にあるが、ある程度の社会的ステータスのある人物や家族のいる人物などをいきなり逮捕して「手錠をかけてさらし者状態で連行」といった事態になることを避けるため、**温情として「任意同行し自供させてから逮捕する」というパターンがある。**

捜査における「ニンドー」は温情措置

当然、ここで任意同行を拒否すれば「温情」どころではなくなり、そのまま逮捕されるだけだ。たとえば、2020年12月に石川県の七尾市役所に金属バットを持った現職市議(当時)が乱入した事件では、現場に駆けつけた警察官が任意同行を求めたが、市議が拒否したために県迷惑防止条例違反の疑いで現行犯逮捕されている。社会的ステータスのある人物ということもあって警察は「穏便に任意同行」でコトを収めようとしたのだろうが、拒否したことで現行犯逮捕となったと見ることができる。

また、やはり逮捕するのはほぼ確実となっているが、任意同行で最終的な捜査の詰めや弁解等を確認してから処遇を決めるケースもある。こちらはまれに、捜査の〝ラストピース〟が埋まらず、逮捕に至らないという場合がある。

職務質問、捜査のいずれの任意同行にしても拒否する権利はあるし、任意同行後の取り調べや事情聴取の最中でも逮捕されなければ途中で退去することが可能だ。また、取り調べや事情聴取での黙秘も認められている。

だが当然、任意同行そのものと同じく、取り調べや事情聴取においても拒否すれば警察側がそうはさせまいとするため、対象者が不利益を被ることがある。その一方で、少しでも「強制」の要素が認められると「違法捜査」となり、警察側がペナルティを受けることになる。「任意」の線引きは非常に難しいものといえるだろう。

10 「おとり捜査」と違法捜査の微妙な境界線

――犯罪を誘発させたらアウト！

警察官、あるいは捜査の協力者が身分を隠して被疑者に接近、犯罪を誘導し、相手が犯罪を実行したところで逮捕するのが「おとり捜査」である。

「拳銃の場合、1995年に銃刀法が改正されて警察官がおとり捜査で拳銃を譲り受けることが合法になりました。ですが、警察側から『銃を売ってくれないか？』と購入を持ちかけることはできないんです。それは売る気がなかった相手をその気にさせた『犯意誘発型』で、違法捜査になるんですよ。おとり捜査が成立するのは、相手がすでに売る気になっていて、『売ってくれるのなら、買うよ』と応じる『機会提供型』だけなんです」（稲葉）

そこで役立つのが情報提供者である「エス」の存在だ。たとえばエスに対して拳銃の売り込みがあったら、エスはそれを警察官に連絡。警察官は誰から売り込みがあったのか、いつ、どこで譲り受けるかなどを書類にまとめて公安委員会に申請し、許可が下りれば警察官は身分を隠し合法的に拳銃を購入することが可能となる。

また、銃刀法の改正で可能になった捜査方法には「泳がせ捜査」もある。

「たとえば売人が密輸組織とつながっていると感じたら、わざと見逃して何度か取引を続け、全貌が明らかになったところで逮捕するのです。捜査に気づかれたときに備え、ブツを持ち逃げされないよう、あらかじめ偽物にすり替えておく方法を『クリーン・コントロールド・デリバリー（ＣＣＤ）』と呼びますが、当時の北海道警はこのＣＣＤで、どこよりも先に摘発の実績をあげようと躍起になっていましたね。新しい捜査方法で初めて成果を出すとニュースで取り上げられて注目を集めるので、道府県警による競い合いが始まるんです」（稲葉）

こうした成果主義は、おとり捜査にも影響する。エスに「銃の摘発をしたいのだが、売り込みはないか」と「犯意誘発」を持ちかけながら、委員会への申請書には「地方のヤクザから売り込みがあった」と嘘を書くこともあったという。もちろん違法である。

「私の逮捕でいろいろ問題になりましたし、今はやっていないでしょうね。おとり捜査や泳がせ捜査自体は摘発に非常に役立つので、現場のワザとして続けてほしいところですが……」（稲葉）

11 取調室で「カツ丼」はNG？「タバコ」はOK？
——暴力団員が「寿司を出前」の豪快エピソードも！

世間一般的に「取り調べ」というと、警察署内の「取調室」で刑事と被疑者が向かい合って、もう1人の刑事がそばに立って行われる……というイメージが強い。ドラマの中ではよく見られる光景だ。

それも間違いではないのだが、取り調べの対象者は被疑者だけでなく、事件の被害者や目撃者、情報提供者、何かしら事件に関する記憶を持った人など様々。**警察官が事情を聴いて調書を作成すれば、その時点で「取り調べ」となる。**

警察業界では「シラベ」などと通称される「取り調べ」は、場所的な制約もなく、被害者の自宅で「被害者シラベ」、参考人の職場で「参考人シラベ」、パトカーの中で「被疑者シラベ」といった出張型も普通にある。もちろん、ドラマのように「取調室」で行われることもあるが、それだけが「取り調べ」というわけではないのである。また、昭和の刑事ドラマでは、凶悪事件の被疑者を取り調べる際に、尋問役の刑事が恫喝(どうかつ)したり、暴力を振るったりする描写はポピュラーだった。これは、当時の警察では被疑者の人権を無視した取り調べが当たり前に行われていたせいだ。しかし、現在の警察でそんな取り調べをすれば、「特別公務員暴行陵虐罪」に問われてしまう。

そうなってしまうと、裁判で供述調書の内容も信用してもらえなくなるため、刑事は相手に恐怖心を抱かせるような言動を慎まなければならない。机を叩いて大きな音を出すといった行為もご法度なのだという。また、長時間の拘束も禁じられており、1回の取り調べは長くても3時間ほどにしなければならないそうだ。

取り調べで暴力団員が饒舌な理由

もちろん、すべての被疑者が刑事の質問に素直になんでも答えてくれるわけではない。

「意外と暴力団の人間はしゃべってくれますね。まあ、私が現役の頃は暴力団の抗争がピークだったから、何をどこまでしゃべっていいのか、（組織にとって）まずいことを聞かれた場合の切り抜け方なんかをあらかじめ上のほうから指示されていたんでしょう。一般人の場合も、容疑を認めない人はいるけど、何もしゃべってくれ

ない被疑者はあまりいなかったな……。ただ、選挙違反でしょっぴかれた人間だけは、有罪になると関係者が軒並み連座しちゃうから、まったくしゃべらないんですよ」（稲葉）

なお、供述調書は刑事が作成した文書を被疑者が確認して、「内容に間違いがない」と認める署名捺印をしないと完成しない。その内容を一度認めてしまうと、取り消すことができなくなるため、取り調べではベラベラと話していたのに、土壇場で署名捺印を拒否する被疑者も少なくない。そうならないように、尋問役の刑事の質問と被疑者の回答を上手に文書に整えるのも、刑事の手腕と言えるのである。

この供述調書は、大抵の場合、「弁解録取書」と「身上調査書」の2種類となる。簡単に説明すると、前者は「お前はこういった事実で逮捕されたが、間違いないか？」と確認を取ったもの、後者は被疑者の生まれた場所や通った学校など、履歴書のようなものである。「弁解録取書」は、わざと被疑者に**「いや、ちょっと違います」「それについてはあとで話します」などと言わせるようなものを作るのが、テクニックの1つだという。**

「そうすると、『一部否認しているから』とか『共犯者を匂わせているから』という理由をつけて、勾留申請が通しやすくなるんです」（稲葉）

取り調べには弁護士は立ち会えない！

取り調べは刑事たちと被疑者の〝共同作業〟でもある。狭い取調室で何度も顔を合わせていると、ストックホルム症候群ではないが、最初は取りつく島もなかった被疑者でも、少しずつ心を許すようになるのだという。

ここで気になるのが、昔の刑事ドラマでよく見た「取調室に駆けつける弁護士」。実はこれも完全なフィクションで、取り調べ中の被疑者は外部と連絡は取れず、**「弁護士を呼んでくれ」と要求したとしても、被疑者は接見の時まで弁護士と話ができないのだ。**

ただし、予期せず逮捕されたわけではなく、まずは任意同行での事情聴取を警察から要請された場合は、その時点で弁護士に相談しておくとよいそうだ。取り調べを行う刑事もある程度は法律を学んでいるが、やはり専門家である弁護士にはかなわないため、弁護士がついている被疑者の取り調べは、揚げ足を取られないように対応が慎重になるからだ。

また、「取り調べにカツ丼」がデマであることは、すでによく知られているだろう。被疑者に対する過度の配慮は「利益誘導（自白を誘導するための便宜）」とみなされ、供述調書の信ぴょう性が揺らぐ危険があるからだ。ただし、ニコチン切れにより精神が不安定になる被疑者の場合は、**取り調べを潤滑に進めるために、決められた本数以内なら喫煙を認めることもあるそうだ。**

利益誘導について警察側の意識が緩かった時代は、取調室で被疑者の妻が差し入れた手作り弁当を食べさせてやったり、家族との電話を黙認してやったりすることもあった。ただ、勾留や逮捕の回数が多く、取り調べにも慣れている全盛期の暴力団組員は、一般人が真似できない豪快なエピソードが多かったという。

「暴力対策課在籍時、暴力団関係の取り調べをするときは、北海道という土地柄のせいなのか、取調室に寿司やらカニやらを出前してもらうことが珍しくなかったですよ。幹部クラスになると見栄もあるのか、また高級なネタが入っているんですよ。こっちも、ちょっとつまませてもらっていたら偉い人が入ってきて、『おお、俺にも食わせろや』って和気あいあいとしていましたよ」（稲葉）

ちなみに、そんな場合の出前の代金は被疑者自身やその家族が支払うのがルールで、警察側がおごるわけではない。

ただし、取り調べを通して刑事と被疑者の間に一種の連帯感のようなものが芽生えることもあり、その場合、最後の取り調べのときに、被疑者にラーメンをおごる

ぐらいのことは、刑事の自腹なら黙認されたそうだ。今こんなことをやったら、アウトである。ほかにも、「取り調べをする刑事が被疑者に接触してはいけない」「取り調べる時間は1日8時間まで」など、厳格なルールが設けられた。さらには、でっち上げや自白の強要を撲滅するため、**取り調べの全過程を録音・録画する「全面可視化」も着々と進められている。**

冤罪（えんざい）を生むような取り調べを防ぐことに異論を挟む余地はないが、必要以上に刑事側の束縛を強くすると、今度は自白を引き出しにくくなってしまう。起訴できた犯罪を見逃すようなことがないよう、バランスの取れた取り調べを期待したい。

12 交番自転車「白い箱」の中身

——警察官の必須アイテム、知られざる秘密！

警察官の持ち物といえば、警察手帳に拳銃、手錠。この辺りまでは誰もが思い浮かぶだろう。それ以外には、どのようなものを携行しているのだろうか。

まずは警笛。事件や事故で交通整理をしなければならないときに役立つアイテムだ。実は**警笛の吹き方にはしっかりとしたルールが存在する。**もしも交通整理に遭遇する機会があったら、注意して聴いてみるといいだろう。

無線機も警察官同士の情報共有のために必須のアイテムだが、最近では警察専用の携帯電話「ピーフォン」も普及しつつある。GPSで位置を把握でき、5人同時通話も可能だ。

護身用に所持しているのが伸縮式の警棒だ。昔は伸縮できなかったため、非常に邪魔だったらしい。

「警ら中に事件が発生したらダッシュで現場へ向かうんですけど、帯革（腰のベル

ト）に警棒を据えたまま走ると、足に引っかかっちゃうんですよ。だから、いつも手に持ってダッシュしていました」（稲葉）

ちなみに拳銃も非常に重く、肩こりに悩まされる警察官も少なくなかったらしい。

そのほかには、筆記用具と印鑑も常時携行している。印鑑を携行しなければならない辺り、警察官がいかに書類処理に追われているかがうかがい知れる。なお、昔の警察手帳にはメモもついていたが、2002年の新モデルからはメモがなくなったため、警察「手帳」とは名ばかりとなっている。

交番の自転車に秘められた謎

交番勤務の警察官のアイテムといえば、荷台に白い箱がついた自転車も挙げられる。

白い箱がやたら目を引くが、中身は巡回連絡カードや書類、雨具など特筆すべきものはない。ハンドルの横には警棒や警備灯を収納するホルダーがつけられているので、カゴの代わりに荷台に収納スペースとなる箱を用意したのだ。

なお、緊急事態にはあの箱の上に赤色灯を置くことができるようになっている。見た目はほとんど変わらないが、警察官の装備品も日々進化しているのだ。

13 「マトリ」と「薬物銃器対策課（旧組対5課）」有名人〝摘発合戦〟の舞台裏

──違法薬物捜査の〝両雄〟は犬猿の仲!?

日本には違法薬物の取り締まりを担当する代表的な捜査機関が2つあり、その2つがバチバチのライバル関係にあるのではないかと根強く噂されている。

1つは警視庁の組織犯罪対策部薬物銃器対策課（旧組対5課）」。もう1つは厚生労働省地方厚生局麻薬取締部、通称「マトリ」だ。マトリの取締官は「麻薬Gメン」の通称でも知られており、誰しもテレビ番組などで1度は耳にしたことがあるだろう。

警視庁の組織犯罪対策部は、基本的に暴力団などの犯罪を取り締まる部署だが、その中でも「薬物銃器対策課」は銃器と薬物の事案を専門としている。

一方の**「マトリ」の取締官は、警察官でこそないものの、特別司法警察職員という立場で、警察官と同様に拳銃の使用、捜査権、逮捕権が認められている。**巨大な組織力を持った薬物銃器対策課に比べ、マトリの取締官は全国で300人ほどしかおらず、関東信越厚生局には所属が数十人ほどしかいないとされているが、麻薬Gメンは、麻薬取締法58条によって「おとり捜査」が認められている。「麻薬取締官及び麻薬取締員は、麻薬に関する犯罪の捜査にあたり、厚生大臣の許可を受けて、この法律の規定にかかわらず、何人からも麻薬を譲り受けることができる」と規定されており、麻薬を購入して売人や組織を摘発する「買い受け捜査」が可能なのである。

近年、芸能人の薬物事件が相次ぎ、薬物銃器対策課とマトリが〝摘発合戦〟を繰り広げているという報道が頻出した。具体的には、当時の組対５課が酒井法子やＡＳＫＡ、清原和博らを逮捕し、マトリは高樹沙耶や元ジャニーズアイドル・ＫＡＴ－ＴＵＮの田口淳之介らを検挙した。

「芸能人を逮捕するとニュースになるじゃないですか。やっぱりニュースになると達成感やライバルに対する優越感が凄まじいんですよ。でなきゃ、犯罪自体はそう大きくない相手をあんなに執拗に狙いませんよ」（稲葉）

そのバチバチのバトルが最も過熱したといわれていたのが２０１９年。マトリが３月に俳優としても活躍していた電気グルーヴのピエール瀧を逮捕すると、それに対抗するかのように同年11月、当時の組対５課が女優の沢尻エリカを逮捕したのだ。

大河ドラマ出演中だったピエール瀧の逮捕は大きなインパクトがあったため、当時はそれに焦った組対5課の捜査員たちが執念で沢尻エリカを検挙したという憶測も流れた。

このときはスポーツ紙が「沢尻容疑者は組対5課、ピエールはマトリ…摘発合戦」という記事を掲載し、関係者が「警視庁など警察とマトリは互いに摘発を意識しています」とコメントするなど、両者のライバル関係が大きくクローズアップされることになった。

人気タレントの摘発は「見せしめ効果」が大きいが、その「獲物」となる大物ターゲットは限られている。

有名人の検挙で存在感を示したい「マトリ」

となると、薬物銃器対策課とマトリの捜査対象が被ってしまうというケースが少なからず起きることになる。つまりは「獲物の取り合い」が発生するというわけだ。

とくに、規模が小さいマトリは薬物の押収量や検挙数では薬物銃器対策課にかなわないため、有名人の検挙で存在感を示したいという事情もある。

そのような状況で両組織に対抗意識が芽生えるであろうことは誰しも容易に想像

できるため、メディアや世間では「マトリと薬物銃器対策課は仲が悪いのではないか」という噂が流れることになったのだ。

実際、ビートルズのポール・マッカートニーを逮捕したことでも知られる「伝説の麻薬Ｇメン」こと元麻薬取締官の小林潔氏は、２００９年の『週刊ポスト』（小学館）の記事で「**マトリと組対は長年、犬猿の仲だった。**今は互いの交流もあるが、競い合う関係であることは事実です」と証言している。**テレビ番組で「お互いに情報交換などをすることはまずない、ライバル関係」とズバリ語ったこともあった。**

一方、元麻薬取締部部長の瀬戸晴海氏は、２０２０年１月にネットメディアのインタビューで「まったくの誤解」「きわめて良好な関係」と発言。**瀬戸氏によると、現場レベルで人事交流があり、表には出ていないものの共同で捜査することもあるという。**

狙いがかぶることは実際にあるそうだが、そのときも共同で捜査したり、譲り合いをしたりで穏便に解決するそうだ。

両氏の話を総合すると、昔は犬猿の仲だった時期もあったが、現在は少なくとも表向きは友好関係にある、といったところか。捜査員によっては対抗心のある人もいるだろうし、獲物を奪われて面白くないと思っている捜査員もいるのだろう。

第6章

警察官のリアルな生態

1 警察官の「飲み会」では店が〝料金をサービス〟って本当？

――店側にとっては〝みかじめ料〟より安あがり!?

警察はもともと体力が求められる職務内容であるため、ラグビーやアメリカンフットボールなど運動部出身者が多い。

そうした、いわゆる「体育会系」の人々に共通するイメージの1つとして「酒好き」が挙げられるだろう。

もちろん、それは偏見であり、体育会系でも下戸な人はたくさんいるわけだが、実は、警察学校内では飲酒が可能である（ただし、高卒の未成年者は当然飲めない）ため、酒にまつわる武勇伝や失敗談を持つ警察官は少なくない。

最近はアルコール・ハラスメントの問題もあるため、警察でも送別会や忘年会など、特別な理由があるとき以外は部下や同僚と酒を酌み交わす機会は減っているようだが、かつては上司の声かけで飲み会が開かれ、酒の席で親睦を深めるのが当たり前だった。

飲み会の話題は「捜査の悩み」

一般的なサラリーマンの場合、職場の同僚が集まった飲み会での話のネタは、仕事の悩みや上司のグチなどが鉄板だが、**警察の飲み会は班ごとの場合が多い。つまり上司も同席するため、当然ながら上司のグチが出てくることはまずない。**

必然的にそのときに抱えている捜査に関する内容が多いという。ただし、のちにどんなふうに自分の弱点に変わるかわからないため、家族問題や恋愛話といったプライベートな話題は控える傾向がある。

捜査の進捗が行き詰まっていると若手がこぼせば、先輩から経験に基づいた的確なアドバイスをもらえたり、失敗続きで自信を喪失している焦りを部下が吐き出せば、若い頃は自分もそうだったと上司が慰めの声をかけたり。そうした酒の席でのコミュニケーションを通して、少しずつ警察官として心身ともに成長していくのだろう（ただし、下戸の場合はかなり肩身が狭い）。

つまり、警察で飲み会が多いのは、ただ酒が好きだからというだけでなく、適度なガス抜きをすることで、貴重な人材が流出するのを防ぐためでもあるのだ。

覚悟して志望する者が多く、安定した給与や福利厚生が充実していることから、警察官は民間企業に比べて離職率が低い。しかし、警視庁や大阪府警といった大都市を擁する警察本部とは異なり、過疎と高齢化が進んでいる地方では、警察官を志望する者が減少傾向にあるため、飲み会で「もう少し頑張ろう」と思わせられたら安いモノなのだ。

大っぴらにできない飲み代の「原資」

しかし、あまり飲み会が多いと、やはり懐が苦しくならなかったのだろうか。その疑問についての答えは、一次会の飲み代は、同席している上司が支払うのが一般的だという。つまり参加者はタダ。

二次会以降になると、さすがに上司は抜けてしまうが、「なじみ」の居酒屋やスナックなら、料金をサービスしてもらえたので、自腹を切っても2、3千円程度の負担で済むことが多かったそうだ。

「いつも世話をしているお店で飲んで、『今日はいくら?』と聞いたら『いや今日はいいですよ』とタダになって、実質帰りのタクシー代だけしか払わない、なんてこともあったね(笑)」(稲葉)

そうした異例のサービスは、警察が店側に「俺らに睨まれたら、今後ここで営業できなくなるぞ」と圧力をかけたから……ではもちろんなく、ズバリお店側の暴力団対策であった。警察官が定期的に足を運ぶことで、「警察のなじみの店」という印象を周囲に与えることができ、暴力団も来にくくなるからだ。

毎月まとまった額のみかじめ料を支払わされることを考えれば、時々、警察官にサービスをしたほうがずっと効率的であるため、「たまにはうちに顔を出してくださいよ」と、部署によっては店側から積極的な営業をされる警察官もいたそうだ。

しかし、「うまい話には裏がある」という言葉がある通り、警察官を取り込もうと夜の店に暴力団が罠を張りめぐらせている危険もあるため、店側の「甘い言葉」に対してある程度の警戒や疑念を持ち、一定の距離を保つことも警察官としての常識なのである。

ところで、一次会だけとはいえ、全員の飲み代を上司が毎回おごれるほど警察官は高給取りではないはず。それとも、福利厚生の一環として、職場の飲み会には軍資金が支給されるのだろうか？

「今はいろいろコンプライアンスとかが厳しくなっているから、あまり大きな声では言えないけれど、警察の〝裏金〟から支払われていたんでしょうね」（稲葉）

2 〝身辺調査〟は本当にある？ 警察官「結婚」ウラ事情

――親族をチェックする「ＡＢ照会」とは？

警察官は基本的に既婚率が高く、しかも早婚が多い。ある程度の年齢で責任のあるポストに就いている者が未婚者であるケースはほぼない。

そう聞くと、「所帯持ちにして組織を裏切れないようにするためか？」と勘ぐってしまうが、独身者に対して、警察が組織ぐるみで結婚のプレッシャーをかけているわけではない。早婚の要因として考えられるのが、高校や大学を卒業してすぐに、警察のような閉鎖的な組織に身を置いているため、「世間知らず」になりがちだということ。一般人のように「もっと条件のいい人がいるかも」と選り好みするほど世間や異性を知らないこともあり、世間の平均年齢よりも早く結婚するのだといわれる。

ただし、結婚してから理想と現実の違いに打ちのめされて離婚を選ぶ者も多いそうだ。

水商売や日教組はNG!?

ところで、警察官の結婚で気になるのが「身辺調査をされる」という噂。実はこれ、半分本当で半分は嘘。ただし、警察が組織的に調査するわけではない。あくまでも、**部下から報告を受けた上司が、警察内部で保管されているデータから、部下が結婚を希望する相手やその親族が指名手配されていないか（A照会）、さらに前科がないか（B照会）を確認する通称「AB照会」（北海道警の場合）を行うのである。また、公安の監視対象になっているカルト宗教の信者でないか、共産党の支持者でないかなど、信仰や思想についてもチェックが入るそうだ。**

もちろん、結婚相手やその親族の職業もかなり気にされる。よく言われるのが水商売で、個人経営の居酒屋やスナックぐらいなら問題ないのだが、動くお金が大きく暴力団などの反社会的勢力とのつながりが生まれやすいキャバレーやナイトクラブの従業員などの場合は、上司から「大丈夫か？」といった心配の声かけが行われるという。意外なところでは教員も挙げられる。日教組に関係している可能性があるためだ。

ちなみに、警察官の結婚相手として多いのは、やはり警察官なのだとか。あとは看護師や保育士も多いという。職務に理解のある人、あるいは面倒を見てくれる人を無意識に求めているのだろうか。

警察官は出会いの場に飢えている!

現在は警察官同士の結婚の場合、多くが職場恋愛を経て結婚しているそうだが、女性警察官の採用が始まったばかりの時期は、風紀の乱れを恐れ、署内恋愛を禁じる空気が蔓延(まんえん)していたという。

「私が在籍していた時期は、ちょうど女性警察官の1期生が配属された頃で、『お前、婦警にちょっかい出したらクビだからな』なんて言われましたね。それでも、うまいことやっている人はいましたね。当時はスマホなんて便利なものはないから、直接『どこか飯でも食いに行こうや』と誘うしかないんです。だから、目当ての同期の女性を家まで尾行していた人もいましたね。当時は犯罪じゃなかったですが、完全にストーカーです」(稲葉)

なかには、民間人との恋人の同棲を認めていない都道府県警も存在するという。これは機密漏洩を警戒したもので、独身寮を出て1人暮らしをしたい場合、物件の情報を署に提出し、許可を得る必要があるほどだとか。これだけ民間人との接触が

制限されると、すれ違いが増えて破局するケースが増えるのも納得である。

一方、同じ警察官なら仕事にも理解があるうえ、民間人のようにわざわざ身辺調査する必要がない。そのためか、女性警察官は7～8割が職場結婚しており、地方によっては駐在所に赴任している警察官夫婦もいる。

ただし、職場恋愛や職場結婚に理解がある職場とはいえ、恋愛の段階では配属に配慮してもらえない。異動で遠距離恋愛になってしまい自然消滅ということも珍しくないそうだ。

こうした現実も、警察官の早婚を促進しているのかもしれない。

3 女性記者にアンケート「セクハラ王」は警察官！

――警察におけるパワハラ&セクハラの実態

　同じ公務員でも、警察組織は自衛隊と同じく階級による上下関係が絶対的で、上意下達が徹底している。職務の性質上、厳しい指導が必要という環境も相まって、**警察では数年に1度、上司からのパワハラを苦にした自殺者を出している。**

　パワハラを訴えたくても、警察は閉鎖的かつ保守的な組織であるため、被害者にとって〝告発〟しやすい環境であるとは言えない。そうした場合、遺書の中でパワハラの当事者を告発することが多い。警察組織側も事態を重く見て（というか世間の批判をかわすために）調査を行い、加害者に懲戒処分を下し、加害者の上司についても監督責任から処罰を与えるのが一般的となっている。

　2020年にも、長崎県警で佐世保警察署に勤務する男性警部補がパワハラを苦に自殺しており、加害者の上司が戒告処分を受け、署長にも本部長注意処分が下り、両者とも同日に依願退職をしている。

「拳銃」による自殺が多い警察官

ただし、2009年に厚生労働省が労災認定基準を改定したことで、パワハラも労災に認定されやすくなったこともあり、被害者側にも変化が出てきた。被害者遺族がパワハラによる公務災害（民間企業における労災）を訴えれば、「地方公務員災害補償基金」がそれを認定するようになったのである。実際に、京都府警の山科署に勤務する巡査長が、パワハラのせいでうつ病になったと、上司の警部を傷害罪で告訴した事例も出てきている。

さらに部下からのパワハラの訴えに、警察上層部も耳を傾ける動きも出てきた。2017年、奈良県警は部下へのパワハラを行った男性警部補に対して、6カ月の減給という懲戒処分を与えたうえ、巡査部長に降格させている（このときも警部補の上司である男性警部が監督責任を問われて本部長注意処分を受けた）。自殺をする場合、通常は首吊りが圧倒的に多く、日本人自殺者の約7割が首吊りと言われている。ところが、警察官は拳銃を使って自らの命を絶つケースが珍しくない。

なお、最近は打たれ弱い性格の警察官が増えているとの意見もあり、2018年には、滋賀県警で熱心な指導をパワハラだと勘違いして逆恨みし、先輩警察官を装備の拳銃で射殺し、拳銃を持ったまま逃走するという前代未聞の不祥事が起きている。この事件では、犠牲となった先輩警察官のパワハラ行為は確認されず、完全な被害者として二階級特進の対応が取られた。しかし、加害者の精神的な脆さが報道されると、滋賀県警には加害者の採用時に適性を見抜けなかったのかという苦情が殺到した。

「女性記者」もセクハラの餌食に！

警察は圧倒的に男性の数が多いため、男性同士のパワハラが目立つが、男性警察官から女性警察官に対するセクシャルハラスメントも多い。**酒の席で酔った勢いで女性警察官の体に触れたり、キスを強要したりするのだという。また、事件で押収したわいせつ写真や動画を、わざと女性警察官に見せつけるという、小学生レベルのセクハラを行う輩もいるそうだ。**さらに1対1ではなく1人に対して複数人がわいせつ行為を働くなど、性犯罪として処分されたケースもある。

警察内のセクハラは昔から存在したが、古い価値観が横行している警察社会において女性警官の立場は低く、泣き寝入りするケースが多かった。しかし、少しずつ新しい価値観を持つ女性警察官の数が増えたことで、我慢せずにセクハラを告発す

■近年の警察官による主な不祥事

2016年2月	田園調布警察署地域課の警部補が自殺。前年にも自殺者があり、2人とも同じ上司のパワハラを告発するメモを残していた。警視庁はパワハラを否定したものの、その上司を訓戒処分。上司はのちに退職
2017年3月	福岡県警留置管理課の警察官7人が、飲み会で同僚女性にわいせつ行為を働いたり、男性職員同士に「宴会芸」と称して氷の口移しをさせるなど集団わいせつを働いたとして2名が在宅起訴、5名が懲戒処分。翌月には同課の警察官8名が野球賭博を行ったとして書類送検されていたことも判明
2018年4月	滋賀県警彦根署の交番で、巡査部長を拳銃で射殺したとして、同僚の巡査を逮捕
2018年7月	北海道警の巡査長が女性をひき逃げしたとして逮捕。事件当時、巡査長は現場の捜査も担当
2019年5月	北海道警交通機動隊の警部補が1年以上にわたり、ねつ造した証拠で違反切符を交付していたとして逮捕
2019年8月	兵庫県警宝塚署の巡査長が、事情聴取した相手の鍵を使い窃盗を働き逮捕
2019年10月	神奈川県警交通機動隊の巡査が、特殊詐欺の「受け子」の容疑で逮捕
2022年11月	警視庁公安部の巡査部長が集合住宅敷地内に侵入し女性にわいせつな行為をしたとして、強制性交と邸宅侵入の疑いで逮捕
2023年6月	兵庫県明石署の巡査が独身寮の自室で大麻を所持していて、大麻取締法違反(所持)で現行犯逮捕

ることが多くなってきている。

警察の懲戒処分で一番多い理由が「異性関係（不倫なども含む）」なのは、こうした時代と女性の意識の変化が関係しているのだ。

ただし、警察のセクハラ問題は組織内だけにとどまらない。**女性記者を対象に取材先でのセクハラの有無についてアンケートを取ったところ、ぶっちぎりで警察官から受けるセクハラが多かったそうだ。**事件の取材に訪れた女性記者に対して、酒に酔った勢いで体を触ったりするのは序の口で、情報を提供する代わりに性的関係を求めるような、立場を利用したセクハラの被害例が報告されている。

4 ノンキャリアの出世の限界は？

――「警部」までは昇任試験に合格すれば可能だが……

国家公務員採用総合職試験を合格して警察官になった者は、いわゆる「キャリア」と呼ばれるが、それ以外の「ノンキャリア」の警察官は、警察学校卒業後に所轄の警察署に配属され、巡査として交番勤務を開始する。そこから、巡査部長、警部補、警部と上の階級を目指していくのが一般的である。ただし、巡査から巡査部長に、巡査部長から警部補に、警部補から警部へと出世するためには、昇任試験に合格しなければならない。

また、**警部から警視、警視から警視正への昇任は、試験ではなく上司の推薦と勤務状況の査定によって決まる**ため、警視になること自体が非常に狭き門となっていて、警部になってから警視になるまで20年ほどかかることも珍しくない。さらに警視の次の階級である警視正は、身分が地方公務員から国家公務員に変わることもあり、ノンキャリアにとってはさらに難関で、警視となったノンキャリアは、そのまま退官することが多い。

警視正になれるのは警察官全体の約0・2％といわれる。そこから警視正のポスト争いとなった際、周囲のキャリア組はノンキャリアより20歳近く若い。年功序列ではないので、ノンキャリアにとっていかに警視正が厳しい道かよくわかるだろう。

ちなみに、**「巡査長」とは警察の正式な階級ではない。昔は巡査部長の昇任試験に合格できない古参巡査に贈られる称号のようなものだったが、現在は巡査部長の昇任試験に合格して正式な辞令が下るまでの巡査や、後輩の指導力が高いベテラン巡査が名乗る肩書きとなっている。**

昇任試験は3種類！

昇任試験は筆記試験、論述試験、面接・実務試験の3種類。最初の筆記試験は「予備試験」とも呼ばれ、警察官として習得しておくべき法規、警察実務に関する知識、そして一般常識から50問が出題される。5つの選択肢から正答を選ぶ選択問題だが試験範囲が膨大なうえに引っかけ問題もあるため、突破には普段からの幅広い勉強が大切になってくる。その後に論述試験があり、これに合格すると面接・実務試験となる。

昇任試験を受けるからといって業務を軽くしてもらえるわけではないので、試験を受ける警察官は、誰もが勉強時間の捻出に苦労をする。警察署よりも交番での勤務のほうが、業務の隙間時間を作りやすく、勉強もしやすいのだとか。

ちなみに、警察の昇任試験は過去問を公開していない。昇任試験の問題集を発行している出版社も存在するが、２０１９年に問題集の原稿作成に協力した多くの幹部クラスの現役警察官たちが、謝礼を受け取る際に適切な手続きを怠ったことで懲戒処分を受けるという不祥事が起きている。**そのため、試験勉強として人気なのが、親切な上司や先輩（それも学業が優秀な）が作成した試験勉強のノートを借りて勉強するという方法だ。**要点がうまくまとめられていたり、出題傾向が分析されていたりと、予備試験攻略にかなり役立つ。また、ノートを貸してもらえるほど親しくなっていれば、疑問点についての質問や、続く論述試験や最後の面接・実務試験の対策についてアドバイスを請うこともできるのだ。

昇任試験を受けることは「義務」

なお、論述試験は「一次試験」と呼ばれ、刑法や刑事訴訟法などに関する論述問題が６つ出題される。面接・実務試験は「二次試験」と呼ばれており、逮捕術など

の実技が行われるのだが、一次試験を通過したのに二次試験で落ちるケースは少ないのだとか。

階級が上がるにつれて、任される責任や職域も広がることから、予備試験の難易度は当然だが回を重ねるごとに難しくなっている。そのため、警部補から警部への昇任試験は、合格者ががくんと減ってしまう。

ちなみに、昇任試験を受けることは警察官にとって義務となっているため、「どうせ受からないから、時間の無駄なので試験を受けない」という選択はできない。

最初から希望者のみに絞ればいいと思うのだが、そこはやはりお役所仕事ということなのだろう。

5

警察官「再就職先」のリアル！

――〝天下り先〟は所属部署によって傾向あり！

警察官の定年は60歳（2023年度から段階的に引き上げられ、2031年度に65歳）が一般的であるが、定年退職後も働きたいと考えている人たちは、警務部に再就職希望の連絡票を提出する。すると、企業や組織からの求人と照らし合わせて、警察が再就職先の面倒を見てくれるのである。

ほかの省庁でも実施されている、**こうした「天下り」はシステム化されており、キャリアの場合は、本人が断らなければ独立行政法人や財団法人、さらに自動車教習所やセキュリティ関連企業といった組織に、なかなかのポジションで再就職することが多い。**また、ノンキャリアでもかなり出世した一部の人間は、これに近い恩恵にあずかることができる。

ちなみに、所属していた部署によって天下り先に偏りがあり、元生活安全課の退職者の場合は、パチンコ関連の企業に再就職することが多かったといわれる。パチンコが風俗営業法の対象となる業種で、届出の提出先が生活安全課であるため、OBを受け入れることで恩を売っておけば、何かと融通がきくのだろうという下心が透けて見える。

定年退職した幹部の再就職先を公式HPで公開している都道府県警もあるので、興味がある場合はチェックすることができる。退職時の職名と再就職先の仕事内容を照らし合わせてみると、利権のニオイがプンプンしていてかなり面白い。

年金が優遇される「特定警察職員」

警視正以上は座席争いが熾烈になるため、早々に出世争いからリタイアして天下りを選ぶキャリアも多いという。一方、ノンキャリアは出世できても警部止まりが基本だが、その場合は紹介される再就職先は警察と関連のない企業になってしまう。もっとも、警察官として長年滅私奉公してきたことに報いるため、**警部以下の警察官として20年以上働いてきた者は「特定警察職員」として、通常の地方公務員よりも加算された年金を支給してもらえるようになっている**のである。

なお、定年前に退職した場合、その理由によって再就職先は様々だが、元刑事の場合は捜査の経験が活かせる探偵を始める者が多いそうである。

6 芸能人もビックリ！ 警察官が「不倫」をすると……

――「監察官」が動き懲戒処分の対象にも！

公務員の中でも保守的な傾向が強い警察だが、離婚によって出世に支障が出ることはなくなっている。とはいえ、不倫の場合は少なからず影響が出るようだ。

不倫は犯罪行為ではないが、**上司や同僚を相手にした職場内での不倫が発覚してしまうと、風紀を乱したとして警察内の不祥事を調査・処分する「監察官」が動き、懲戒処分の対象となってしまう。**停職・減給・戒告などの処分で済めばいいほうで、マスコミに面白おかしく取り上げられた結果、無言の圧力で依願退職を余儀なくされることもあるのだ。

たとえば、2019年に愛知県警で発生した男性警部補と女性巡査長のW不倫では、両者とも「所属長訓戒」を受けているが、幹部候補だった警部補は不倫の発覚によって出世の道が絶たれてしまった。

これを不満に思った警部補は、「別れるなら不倫の事実を周囲にバラす」という巡査長の発言は脅迫だと被害届を提出し、書類送検された巡査長が不起訴になると今度は監査官の調査が不当だと県警を管轄する愛知県を訴え、最後は巡査長の夫（同じく警察官）から不貞行為の慰謝料を請求されるという泥沼劇となっている。

懲戒理由で最も多いのが「異性関係」

ここまでの泥沼は珍しいものの、職場での恋愛や結婚が多い警察では職場不倫が多い。2022年、全国の警察で懲戒処分を受けたのは276人だが、その中で「異性関係（セクハラも含む）」で処分されたのは93人と最も多い。

2020年3月には、既婚の男性巡査部長と独身の女性巡査が不倫で処分されている。この2人は交番勤務の仮眠時間を使って、交番内で肌を重ねていたそうだ。

これら異性関係のトラブルについては、女性警察官の割合が増え、職務を共にする機会が増したことも理由の一つではないかとの意見もある。

不倫ではなく、いわゆる「性格の不一致」による離婚は問題視されないが、何度もバツを重ねれば「本人に何か問題があるのでは」とみなされるのは、警察も民間企業も同じだ。

7 イマドキ警察官が希望する意外な人気部署とは？
――かつての〝花形〟捜査一課は今や人気凋落！

警察を題材にした小説やテレビドラマは根強い人気があり、とくに現場の最前線で捜査にあたる刑事を主人公にした、いわゆる「刑事ドラマ」には名作が多い。昔はインパクト重視で現実離れしたアクションが売り物の『西部警察』や『太陽にほえろ！』などのドラマが人気を博した。これらの人気が後押ししたのか、昔は警察官になると刑事を志望する若者が多かった。なかでも、殺人などの凶悪事件を担当する刑事部捜査第一課は「花形」といわれた。

しかし、90年代に入り、高村薫が詳細な取材に基づいてリアルな刑事像を描いた小説『マークスの山』を発表し直木賞を受賞すると、次第にリアルな警察社会を描く作品が増え始める。そして織田裕二主演の『踊る大捜査線』の大ヒットによって、「警察も所詮(しょせん)、しがない公務員」というイメージとなっていった。

多忙で不人気の「第一課」

その影響もあってか、最近は捜査第一課の刑事になりたい人が激減しているのだという。理由は簡単。非常召集がかかるなど、他部署よりも圧倒的に多忙なためだ。

「まず、捜査第一課は各道府県警本部にしかなく、警察署の場合は刑事第一課強行係がそれに該当する部署となります。刑事第一課と鑑識課員は、変死や火災の発生を受けたら、すぐ臨場しなければなりません。そこ（現場）で実況見分、場合によっては検証や検視も行います。そして殺人の疑いがあれば、即、本部の捜査第一課に報告します。仮に事件性がないとしても書類作成などやることが多いんです。第二課の暴力犯係にいた頃、それなりに忙しい毎日を送っていましたが、それでも『第一課にはいたくないな』と思うぐらいの多忙ぶりでしたよ」（稲葉）

では、今の世代の警察官の注目を集めているのは、どこの部署なのか。

「今、希望者が多いのは交通課の指導係らしいです。まず、休みがきちんと取れる。それにスピード違反の取り締まりで偉そうにできるでしょ。私の時代だと、多忙でも、ぜひとも第一課の刑事になりたいって熱意を持った警察官が多かったんですけどねえ」（稲葉）

8 かつてはサボり放題だった「機動捜査隊」に起きた変化

――「機捜」の動きは今や24時間監視されている!?

2020年に、綾野剛&星野源のW主演で話題となったドラマ『MIU404』(TBS系)の舞台は「刑事部機動捜査隊」だった。ドラマのタイトルとなった「MIU」は機動捜査隊を英訳した「Mobile Investigative Unit」の頭文字から取ったものだが、略称としては「機捜(キソウ)」とされるのが一般的ではある。ちなみに『MIU404』の「404」はコールサインで「第4機動捜査隊」という設定だが、実際には、警視庁に存在する機動捜査隊は第3までである。

機捜は刑事部の中でもかなり異質な存在だ。まず出勤体系が異なる。ほかの刑事は特別な仕事のない限りは基本的に日勤になるが、機捜は交番勤務などと同様に、24時間の3交代勤務となっている。

また機捜には決まった管轄がなく、必要性が認められれば都道府県の境界を越えての広域捜査も可能。通常は私服で覆面パトカーに乗り、タクシーのごとく都内を流し、何かしらの事案が発生すると緊急走行で現場へ先行して初動捜査にあたるのだ。

一見、交通機動隊と似ているが、交通機動隊が交通部所属なのに対し、機捜は刑事部に所属している。事件の捜査が職務であるため、パトカーによる警らとは違って交通違反の取り締まりなどを基本的にしない（明らかに不審な車両を見つけた際には、無線で本部に連絡してナンバー照会を行うといった程度の仕事はするし、目前で何かしらの犯行があればその対応もすることにはなるが）。

好きに引き継ぎできた機捜の「実績」

機捜は初動捜査が主体で、引き継ぎは現場で他部署の刑事へ行うため、書類作成などのデスクワークも少ない。そのため、ほかの刑事たちと比べて肉体面や精神面においてはかなり楽な仕事内容にも見える。さらに、「ノルマ」の面でも機捜は特殊だ。

「機捜が被疑者を逮捕すると機捜自体の実績にもなるし、被疑者を署に引き継いで署が検察庁に送致できれば、その署の実績にもなるんです。だから昔は、ガサ状を取って、そのまま被疑者を逮捕したら、それを仲のいい署に引き継いだり、偉い人

から『あそこの署がまだ実績をあげていないから』と言われたらその署に引き継いだりと、そういったことが自由にできていたんですよ」（稲葉）

GPSの発達で動きがすべて筒抜けに

と、ここまで聞くと、機捜はラクができていろんな署からチヤホヤされる素敵な部署、と思われるかもしれないが、時代の流れとともに、機捜を取り巻く環境も大きく変わってきている。前半で紹介した「機捜に管轄はない」というのはあくまで警視庁の話で、各道府県警の機捜は細かくブロック分けされ、ほかのブロックには立ち入れなくなってしまった。

また、機捜がガサ状を取ることもできなくなった。さらに、GPSで各車両の動きがわかるようになったため、サボりはすぐにバレてしまう。

「かつては『今月の点数は十分に稼いじゃいましたし、ゆっくりしましょう』なんて相棒と車の中でガーガーいびきをかいていたけれど、今の機捜では無理でしょうね」（稲葉）

本部からの無線指示により現場へ到着すると、まずは犯人検挙に向けた周囲の捜索や、被害者からの事情聴取を行う。隊員は捜査実務経験のある刑事がほとんどの

ため、殺人などの重要事件の場合には現場での証拠資料の保存などまで行うこともある。

そのまま被疑者が確保されずに事件が長引きそうなときには、各警察署やあとから到着した警視庁本部の刑事たちに捜査を引き継ぐ段取りとなる。つまり、本人たちのやる気に関係なく機捜の捜査はそこでいったん終了となってしまうため、機捜は事件解決の瞬間をその目で見るのが難しい部署でもある。

事前の準備もなしに現場直行することは当然通常の捜査よりもリスクが高く、いつ強行犯と遭遇してもいいように、機捜の隊員は拳銃を常備している。やはり刑事の仕事にラクなものはないのだ。

9 強制捜索「ガサ入れ」は警察のやりたい放題!?
――「捜索差押令状」請求のハードルは意外にも低い！

事件の捜査のため、警察や検察は被疑者の自宅や関係先を家宅捜索することがある。通称「ガサ入れ」と呼ばれるこの捜査は、裁判所から発行された捜索差押許可状（「ガサ状」とも呼ばれる捜査令状）に基づいて行われるため、拒否することはできない。むしろおとなしく受け入れたほうがよいとさえ言える。

「家宅捜索は法律で認められた強制捜査の一種ですから、警察だと気づいて扉を閉めようものなら、『必要的処分』として扉をバールでこじ開けることも認められているんですよ」（稲葉）

窓ガラスを割って侵入したり、「郵便局です。現金書留をお届けに来ました」と嘘をついて玄関を開けさせることも、この『必要的処分』に該当するのだ。

加えて、仮に家宅捜索を物理的に阻止しようとすると、その瞬間に公務執行妨害で逮捕される可能性さえある。自分に後ろ暗いところがないのであれば、家宅捜査を妨害することは百害あって一利ナシなのだ。

スムーズに進む暴力団へのガサ入れ

ちなみに、暴力団の抗争事件などで警察が家宅捜索する様子が報道されることがあるが、**暴力団組員が捜査員に言葉でかみつくことはあっても、捜査員と乱闘して公務執行妨害で逮捕されるということはほぼない。**

これは、下手に邪魔をして痛くもない腹を探られたら困るからだ。しかし、素直に警察の家宅捜索を受け入れると、同業者から「情けない」「腰抜け」などと馬鹿にされてしまう。そのため、「自分たちは警察の言いなりになっているわけではありませんよ」というアピールとして、〝三文芝居〟をわざとカメラの前で演じるのである。

警察側も面子を重んじる暴力団の性質を理解しているため、組員に暴言を吐かれたとしても、軽く聞き流すのが一般的だ。そもそも、警察側にとっても暴力団の家宅捜索は「治安維持のために頑張っています」というアピールの側面が強い（殺人や傷害、拳銃・違法薬物の密売、脅迫・恐喝・強要など明らかな犯罪の捜査の場合は、もちろん別）。

ちなみに、国税の滞納に対する差し押さえのために税務署が行う家宅捜索もガサ入れと呼ばれるが、こちらは税務調査の一環として警察のように令状を必要としない。

「地裁」より「簡裁」に請求がコツ!?

強制捜査を可能とするだけに、さぞガサ状の請求はハードルが高いのだろうと思いきや、裁判所に「犯罪捜査を進めるにおいて家宅捜索をする必要がある」という理由を証明するだけでよいので、意外と簡単に請求可能だ。そしてこれは、逮捕状の場合もそれほど難易度は変わらないという。

「通常逮捕はわりと簡単ですよ。実務上ではしっかり裏付け捜査をしてからでないと請求しないのですが、被疑者が割れて、証拠が出たら、まず所轄の署長など所属長から逮捕状請求の指示が出ます。警部以上の階級であれば裁判所への逮捕状の請求権を持っていますが、決裁できるのは所属長だけだからです。指示が出たら課長はそのことを係員に伝えるので、そこから係員は手分けして必要な書類を作成し、課長の決裁を仰ぎます。課長はまた上の決裁を仰ぎ、最終的に所属長からハンコをもらったら、それを使って地裁（地方裁判所）や簡裁（簡易裁判所）へ請求しに行くんです。ただ、地裁に請求するとたまにイチャモンをつけられるので、簡裁が当番の日のほうがスムーズでしたね（笑）。基本的には請求書が出せる段階になったら、すぐ請求しに行くのですが」（稲葉）

「ガサ入れ＝家の中が荒れ放題」になると心得よ

現実の家宅捜索では、捜査員はちゃんと靴を脱いで家の中に入るが、とりあえず証拠の品を収集するため、警察は家中を引っ掻き回すことになる。戸棚やタンスの引き出しは全部開けられるのは当たり前で、薬物関係のガサ入れの場合は数人がかりで大型の家具を移動するだけでなく、和室の畳をひっくり返すことも珍しくない。ひととおり屋内を捜索し、証拠もある程度集めることができたら撤収するのだが、**警察は自分たちが荒らした屋内を片付けることはない。**

このため、壊されたくないものや紛失されたくないものに関しては、捜索の立会人（被疑者本人または家宅捜索される場所の所有者や管理者などが多い）が、「大切な物だからもっと丁寧に扱ってくれ」「それは思い出の品だからここに置いてほしい」という注文をつけてもよいそうだ。

ちなみに、整理整頓された現場から証拠を探すのは簡単だが、物があふれ散らかり放題の現場や、ゴキブリやネズミが出る不衛生な現場を家宅捜索するのはやはり捜査員にとっても負担のようだ。そのため、「（証拠が）何も出ないのは困るけど、捜索現場がモデルルームぐらいきれいな部屋だと助かる」というのが、偽らざる本音である。事実、２０１６年に兵庫県神戸市で“ゴミ屋敷”の住人が他人の家にゴミを捨てた廃棄物処理法違反で逮捕された際には、被疑者が被害者の所有する土地にもゴミを放置していたことから、兵庫県警が約７トンものゴミを証拠物件として押収する事態が起きている。

証拠は必要がなくなれば返却される

ガサで「一時的に借りる」ことができる証拠物は、ガサ状に記載され裁判官による審査を通った「差し押さえるべき物」のみとなる。だが、そのリストアップにおいては「本件に関係ありと思料される〇〇」「本件犯罪に関係のある〇〇等」といった、いささかアバウトな表記が実務上許されているため、どこまでが「差し押さえるべき物」として妥当だったのかは、裁判で争われることがある。

家宅捜索で押収された証拠は警察が保管するが、**必要がないと判断された物は持ち主に「還付」される。**ただし、**裁判などで再度使用する可能性があるものの場合**

は、一時的に返却する「仮還付」を行う。

ＩＴ系の事件などではパソコンが押収されることが多く、メインで使っていたパソコンを持っていかれて仕事に支障をきたしたケースも珍しくないという。もし仕事上の大事なデータが入っていようとも、こればかりは警察や検察の判断次第なので、市民側が返却のタイミングを知るのは難しい。

ちなみに、「還付」は警察から所有者に連絡をし、警察署に引き取りに来てもらうのが一般的で、所有者がなんらかの事情で引き取りに来られない場合にのみ、宅配便などを使わず、警察の人間が直接届けに行くようになっている。

10 「指名手配犯」逮捕の〝特典〟とは？

――〝特典狙い〟であえて指名手配にする裏ワザも！

捜査によって証拠を集め、逮捕状が出たにもかかわらず、肝心の被疑者が行方をくらませてしまうことがある。このように、各都道府県警が自身の管轄区域で起きた犯罪の捜査について、ほかの都道府県警に捜査の協力を依頼する際に配布されるのが「指名手配書」だ。

指名手配は「逮捕後の身柄の引き渡し要求」もセットになっている。引き渡しが不要で、逮捕した都道府県警に事件の処理をゆだねる場合は「指名通報書」を配布する。もしも被疑者が、逮捕された都道府県で別の罪を犯していた場合、どちらが事件を処理するかは関係署同士で協議して決める。

指名手配された被疑者を逮捕した場合、原則として逮捕した都道府県警側が身柄を護送するが、逮捕された場所で捜査する必要がある場合は、手配を行なった側が身柄を引き取りに行くことが可能だ。ちなみに護送にかかる費用は、手配を行なった都道府県警が負担する。

自分が追っている事件の被疑者には指名手配書を出したくないが、「自分に関係がなければ、指名手配犯は大歓迎！」というのが捜査員の本音なのだという。なぜなら、**指名手配犯を逮捕すると、ノルマにおける「ポイント」を割り増ししてもらえるからだ。**

昔はこの制度を逆手にとって、ポイント稼ぎに利用することもあったそうだ。

「被疑者がずっと家にいることを知っているけれど、所在不明ってことにして指名手配をかけてもらうんですよ。手配がかかってすぐに逮捕すれば、逮捕時のポイントを多くもらえるから、お得になるわけです」（稲葉）

私的懸賞金と公的懸賞金

国家公安委員会が定めた「犯罪捜査共助規則」に基づいている指名手配は、基本的に一般人には関係がない制度である。しかし、指名手配によって罪名・写真・名前・身体的特徴などが公表されるため、市民からの通報をもらえ、逮捕の手がかりが得られる可能性も上がるのだ（イタズラ電話も増えるが）。

また、２００７年４月から一部の指名手配犯に対する「捜査特別報奨金制度」がスタートしたことも、一般市民の指名手配への関心を高めるようになった。

これは、凶悪犯罪を風化させないというのが目的の制度である。

報奨金の上限は原則300万円だが、必要に応じて最高1000万円まで増額が可能。ただし、「寄与の度合いに応じて支払い」という一文が曲者で、**情報を提供したあとに被疑者が確保されたら必ず300万円が手に入るというものではない。**

また、捜査特別報奨金制度は賞金が警察庁の予算から賄われているが、遺族や警察官OBが作った団体が懸賞金をかける「私的懸賞金」も存在する。こちらのほうがスタートは古いため、捜査特別報奨金制度を「公的懸賞金」と呼ぶこともある。

高額懸賞金でも効果は低め？

現金がからむなら、さぞ人々の注目を集め、有力な手がかりが集まるかと思いきや、懸賞金制度で検挙率が著しく上がったということはないらしい。

有名どころでは、オウム真理教の元信徒である菊地直子被告、高橋克也被告の逮捕で3人の情報提供者に1600万円、2年7カ月に及ぶ逃走劇が話題となった「市川市福栄における英国人女性殺人・死体遺棄事件」の市橋達也被告の逮捕で4人の情報提供者に1000万円が支払われた実績があるものの、もともと懸賞金は聞き

込みで新しい情報を得にくくなった事件にかけられることが多いため、注目度が多少上がった程度では、劇的な効果は得られないのだろう。とはいえ、1件でも解決したのなら十分な収穫だ。

都道府県の警察本部公式HPには、報奨金がかかる指名手配犯が紹介されている。

意外と飲み屋で顔見知りのおっさんが、実は「賞金首」という、一攫千金のチャンスがあるかもしれない。

11 警視庁と神奈川県警の不仲は「カップヌードル」が原因!?

――51年前、「大事件」の現場で起きた〝騒動〟

日本の警察は、組織同士の仲があまりよくないというイメージがある。国同士などもそうだが、とくに隣り合っていると不仲になりがちだ。

一般にも不仲のイメージが浸透しているのが警視庁と神奈川県警である。都道府県別の人口では東京が1位、神奈川が2位となっており、神奈川県民は何かと東京をライバル視する風潮があるが、それは警察にも当てはまるようだ。

警視庁の所属警察官は約4万3000人、神奈川県警は約1万5000人と規模でこそ警視庁が圧倒的に勝っている。だが、神奈川県警は警視庁に勝るとも劣らぬ警察組織としてのプライドが高いといわれ、**高さ約83メートル（塔部含めず）の警視庁本部庁舎に対抗し、神奈川県警が高さ約91メートルの本部庁舎を建設したと噂されるほど**、ライバル関係は「定説」となっていた。

警視庁と神奈川県警の対立が一般にも知られるようになったきっかけは、80年代末期から90年代にかけて起きた「オウム真理教事件」だった。

一連の事件は東京、神奈川、山梨、長野と広範囲で起きたが、警視庁と神奈川県警の連携がまったくできておらず、初動捜査が遅れたことで事態が悪化。両者の縄張り意識の強さや事件そっちのけの対抗意識がメディアで報じられ、県境をまたぐ組織的な犯罪に対応できない現状があらわになった。

これには警視庁も神奈川県警も大いに反省し、現在は広範囲のエリアを舞台にした犯罪が起きても協力体制をとることができるようなったが、いまだに根深いライバル意識が残っているとされる。そんな両者が不仲になった大きな原因の1つに、あの「カップヌードル」がかかわっているという話がある。

カップ麺をめぐる〝暗闘〟

1972年、連合赤軍による「あさま山荘事件」が発生し、長野県警、神奈川県警、そして警視庁の機動隊が長野県北佐久郡の現場に動員された。

現地は日中でも氷点下で夜はマイナス10～20度の極寒になるため、前線を担当した警察官たちへの配給の弁当が運搬途中で凍ってしまう問題が起きた。

そこで、警視庁はカップヌードルとお湯を用意、隊員たちはカップヌードルで体を温めて士気を保った。これがニュース番組で報道されカップヌードルブームの火つけ役になったといわれるが、警視庁は**「カップヌードルを警視庁の機動隊員には1個50円で売るが、お湯も含めてすべて警視庁が用意したものなので、神奈川県警や長野県警には売らない」**という姿勢だったという。

この警視庁の姿勢に両県警は激怒。最終的に、警視庁は渋々ながらもカップヌードルを売ることになったのだが、1個70円と微妙に割高にしたことで、警視庁と神奈川県警の不仲が決定的になったといわれている。

犯人に利用された!?　大阪府警と兵庫県警の不仲

東日本でとりわけ不仲な警察組織として知られているのが警視庁と神奈川県警なら、**西日本では大阪府警と兵庫県警の不仲が有名だ。**

大阪府警と兵庫県警の対立が最初にあらわになったのは、1984年に起きた「グリコ・森永事件」だった。事件が発生したのは兵庫県西宮市の江崎グリコ社長宅だったが、犯人が社長を監禁したのは大阪府摂津市の水防倉庫だったため、兵庫県警と大阪府警の合同捜査本部が設置された。ところが、双方の意地の張り合いや手柄争いによって情報交換がうまくいかず、犯人に翻弄されっぱなしとなり捜査は難航。

それが一因となって、事件は解決の糸口すらつかめないまま2000年に全面時効が成立した。

一部では「犯人は大阪府警と兵庫県警の仲の悪さを知っていて、それを利用したのではないか」といった噂がまことしやかにささやかれたほどだった。ちなみに、同事件は警察庁が広域捜査を指定した重大事件で、初の未解決事件となっている。

また、日本最大の暴力団「山口組」の家宅捜査においてもライバル意識が垣間見えることがある。山口組は兵庫県神戸市に本部を置いているが、**近年でも大阪府警がガサ入れする際は「大阪や！」「県警ちゃうぞ！　府警やぞ！」などと捜査員がスゴむのである。**大阪府警は「兵庫県警とはレベルが違う」という意識が強いようで、興奮していることもあって思わず口をついて出てしまうのだろう。

無論、兵庫県警も大阪府警に対して強烈な対抗意識を持っており、警視庁 vs.神奈川県警に負けないほどの「犬猿の仲」といわれている。

12 リアルな刑事ドラマは存在するのか？

――十津川警部のような優雅な出張旅行はあり？

日本で最も有名な「警部補」といえば、田村正和が演じた古畑任三郎を思い浮かべる人も多いだろう。1994年に放送された第1シーズンでは、視聴者に刑事ドラマを周知するため、新聞のテレビ欄に『警部補・古畑任三郎』と表記された。なぜ警部補かというと、オマージュ元である名作海外ドラマ『刑事コロンボ』のコロンボの階級が、日本における警部補相当だったから、という説が有力である。

古畑任三郎の役職ははっきりしていないが、警視庁刑事部捜査第一課ということを考慮すると、よくて係長、一般的には主任レベルとなる。そう考えると、ドラマ内で自転車に乗って優雅に現場へ現れたり、被疑者に単身でつきまとったりする古畑の言動は、明らかに問題がある。『踊る大捜査線』で織田裕二が演じた青島俊作が同じく警視庁刑事部所属の警部補なので、比較するとより明白だ。古畑はその後、警察犬の指導係に異動となり、再び捜査第一課に復帰していたりするので、そもそもリアリティを求めないほうが賢明だろう。

階級が警部となれば、警視庁でも係長クラスとなり、ある程度自由に捜査できるためか、フィクションでは主人公を警部に設定することが多い。

警部といえば、近年では『相棒』で水谷豊演じる杉下右京や、西村京太郎のベストセラーでドラマもヒットした『十津川警部シリーズ』の十津川省三が有名だろう。後者は、渡瀬恒彦が主演した長期シリーズをはじめ、内藤剛志や船越英一郎ら多くの名優によって演じられてきたキャラクターだ。杉下も十津川も、係長のポストに在籍している（もっとも、杉下右京は「特命係」という架空の部署の係長なので、役職自体あまり意味はないが）。

刑事の出張は所轄への〝仁義〟が大事

その十津川警部といえば、相棒の亀井刑事とともに日本各地を西へ東へと飛び回り、難事件を解決するイメージがあるだろう。しかし、**実際の刑事が出張するとなると、十津川警部のような優雅な旅はまず不可能である。**

刑事の出張は経費が抑えられているため、**交通費と宿泊費以外はほぼ自腹。宿泊施設もカプセルホテルが多く、よくて共同浴場がある旅館程度といったところ。**

ドラマの刑事が豪華な食事に舌鼓を打っているのは、撮影先の自治体がPRになるために協力してくれるからだ。

出張先で事件が早々に解決したから空いた時間で観光でも、という訳にもいかない。事件に関する書類作成が待っているので、一刻も早く戻らなければならない。旅行気分を味わえるのは、せいぜい道中の駅弁程度といった具合である。

ちなみに出張する際は、まず申請書を作成し、所轄の場合は署長、捜査第一課の場合なら課長の決裁を得る必要がある。このとき「2泊じゃなく日帰りにしろ」「人数は2人に抑えろ」などと要求される。

そして出張の許可が下りたら即出発。……ではなく、**あらかじめ「誰が」「どこへ」出張に行くかを出張先の県警本部に連絡しなければならない。**そして出張先に着いたら、捜査の前に該当の所轄署へ挨拶に向かうのが一般的。

これは、たとえば出張先で被疑者と大捕物になった際に、暴力団同士の抗争などと勘違いされ、所轄に迷惑をかけないようにするためだ。また、出張が数日間にわたる場合は、管轄署の一室、あるいは会議室の一角を借りて捜査会議を行うため、所轄に礼儀を通しておかないと、針のむしろ的な状況で捜査を進めることになりかねないのだ。

●参考文献

『恥さらし　北海道警 悪徳刑事の告白』　稲葉圭昭／講談社
『極道のウラ知識』　鈴木智彦／宝島社
『令和2年版　警察白書』　警察庁
『警察のすべて』　別冊宝島編集部／宝島社
『「警察組織」完全読本』　宝島社
『そこが知りたい！　日本の警察組織のしくみ』　古谷謙一（監修）／朝日新聞出版
『刑事捜査バイブル』　北芝健（監修）、相楽総一（著）／双葉社
『警察の階級』　古野まひろ／幻冬舎
『警察用語の基礎知識 事件・組織・隠語がわかる!!』　古野まひろ／幻冬舎
『連合赤軍「あさま山荘」事件』　佐々淳行／文藝春秋
『日本のタブー！警察裏の裏』　北芝健／ユサブル

●参照サイト

警察庁HP
https://www.npa.go.jp/

警視庁HP
https://www.keishicho.metro.tokyo.lg.jp/

検察庁HP
https://www.kensatsu.go.jp/top.shtml

福岡県警察HP
https://www.police.pref.fukuoka.jp/

北海道警察HP
https://www.police.pref.hokkaido.lg.jp/

その他の府県警察のHP

宝島
SUGOI
文庫

知れば知るほど面白い警察組織
(しればしるほどおもしろいけいさつそしき)

2023年8月18日　第1刷発行

監　修　稲葉圭昭
発行人　蓮見清一
発行所　株式会社 宝島社
〒102-8388　東京都千代田区一番町25番地
電話:営業 03(3234)4621／編集 03(3239)0646
https://tkj.jp
印刷・製本　中央精版印刷株式会社

本書の無断転載・複製を禁じます。
乱丁・落丁本はお取り替えいたします。
©Yoshiaki Inaba 2023
Printed in Japan
First published 2019, 2021 by Takarajimasha, Inc.
ISBN 978-4-299-04664-2

監修／稲葉圭昭（いなば よしあき）

1953年北海道生まれ。1976年に北海道警察に採用され、機動隊の柔道特別訓練隊員として配置される。道警本部機動捜査隊、札幌中央署刑事第二課、北見警察署刑事課、旭川中央署刑事第二課を経たのち、1993年に道警本部防犯部保安課銃器対策室（のちに生活安全部銃器対策課に改称）に異動。「警察庁登録第50号事件」や「石狩新港泳がせ捜査」など、銃器対策課主導で数々の違法捜査に関与する。捜査費捻出のために自らも覚醒剤の密売を行い、2002年に覚醒剤使用で逮捕、懲戒免職となる。2003年、覚醒剤取締法違反、銃刀法違反の罪で懲役９年を宣告され、2011年に刑期満了。現在は北海道札幌市にて調査会社「いなば探偵事務所」代表を務めるかたわら、「ASK公認依存症予防教育アドバイザー」、「北海道依存症者を抱える家族の会」会長として、薬物依存など依存症の正しい知識を広める講演活動などを行っている。

スタッフ

編集	株式会社ファミリーマガジン、片山恵悟
カバーデザイン	妹尾善史(landfish)
カバーコラージュ	BaconDesign
本文デザイン&DTP	株式会社ファミリーマガジン
イラスト	タカミトモトシ
本文写真	産経新聞社、共同通信社

※本書は小社より2019年9月に刊行した『警察組織パーフェクトブック』、2021年2月に刊行した『警察のウラ知識』を改訂し、再編集したものです。